荆三隆 著

佛道名言
品鉴

陕西新华出版传媒集团
太白文艺出版社

再版说明

　　荆三隆教授所著的"三隆讲经堂"系列图书，包括《金刚经新解》《百喻经新解》《圆觉经新解》《佛蕴禅思》和《佛道名言品鉴》。其以简明的语言，由浅入深，由此即彼，将佛典中的精华部分一一阐释给读者。自 2007 年出版以来，该书系一直受到广大读者的喜爱。在此契机下，我们重新打造"三隆讲经堂"系列图书。为了在内容方面尽量保持原貌，根据作者的意见，我们保留了初版和再版时的前言和后记，以反映陆续修订的过程。我们对整套书按照现行的出版要求重新设计、加工，以全新的面貌奉献给广大读者，希望继续关注和喜爱。

目　录

修身篇

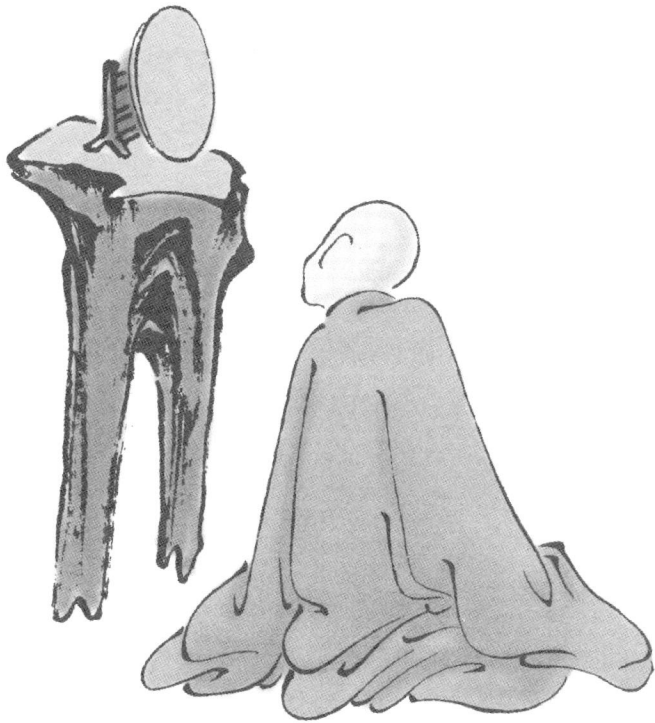

佛　家

清心寡欲淡名利，人到无求品自高

青山保长往，白日贞可窥。
高标谢松柏，孤芳操弗移。

——《镡津文集》卷十七

【品鉴】人贵在有松柏一样的节操，秀丽挺拔，笑傲风雪，决不趋炎附势。没有节操的人，犹如只有身躯，而没有灵魂，虽存而实亡，虽生而犹死。

贪人多积聚，得不生厌足。
无明颠倒心，常念侵损他。
现在多怨憎，舍身堕恶道。
是故有智者，应当念知足。

——《大萨遮尼乾子所说经》卷五

【品鉴】贪心的人总是大量地积攒财富，并且没有满足。贪欲太盛则会滋生侵吞他人财物之念，从而步入邪道。因而明智的人应当明白知足者常乐的道理。钱财终是身外之物，生时不曾带来，死时又何尝能带去呢?

远离喧嚣居闲静;
寻访一切善亲友。
善言亲近善知识,
勤求如是真实智。

——《大方总持宝光明经》卷二

【品鉴】远离喧嚣繁闹的是非之地,悠闲而安静地生活,与真诚、善良、有教养的人交往,从中获得教益和知识,这既是一种令人向往的生活方式,又是一种令人欣美的理想境界。

其心常清静,堪受于大事。

——《十住经》卷一

【品鉴】无论遇到什么事情,都能够保持清醒冷静的头脑的人,才可以托付大事。

无诸悭吝,亦无所畏。

——《添品妙法莲华经》卷七

【品鉴】不贪图钱财的人,没有什么可惧怕的事情。做金钱的奴隶,无疑是可悲的。

漂浪生死流，沉沦爱欲海。

痴惑结重网，皆冥大怖畏。

——《大方广佛华严经》卷五

【品鉴】随波逐流，沉溺于世俗的名利之中，这样就会堕入痴迷和疑惑的重网之中，难以解脱。这是人生最要注意防范的。在纷扰而使人迷茫的现实生活中，有一颗澄明的心是难能可贵的。

保精养气，韬光藏晖，全生远害，无为寂泊，恬恢清虚，少私寡欲。

——《甄正论》卷下

【品鉴】要注意身心的修养，这包括保养精神，避免劳累过度，远离祸患，自然平和地生活，保持一种淡泊名利、清心寡欲的心境。这样对个人、对他人、对社会都不失为一种有益的心态。

然寿命长短，骨体强劣，各有人焉。善养者终之，劳忧者半之，虚用者夭之。

——《辩正论》卷三

【品鉴】人的身体受之父母，因而寿命长短、强壮与否各有不同。善于保养则能无疾而终，劳累忧虑就会减短寿命，操劳过度就难享天年。身可比树木，摧之又怎能无痕呢？

慈和及爱敬，廉贞清洁行。

——《广弘明集》卷二十八

【品鉴】为人处世，要慈爱平和，尊重他人，廉洁正直，洁身自好。

心火灭己身得清凉。

——《大乘理趣六波罗蜜多经》卷一

【品鉴】心平气和，则如傍临一泓清水，自然会觉得身心清爽。

心常调畅第一安乐。

——《实相般若波罗蜜经》

【品鉴】保持快乐舒畅的心理状态，是身心健康的首要因素，也是工作和学习的必要条件。

能自调伏忿怒等过，亦能调伏一切有情，常生善趣受诸妙乐。

——《金刚顶瑜伽理趣般若经》

【品鉴】要能够调节自己喜怒哀乐的情绪变化，保持美好的心境和善良的愿望，这样不仅对身体有益，生活也会充实和美好。保持这样的心理状态，于人、于己都有益。

净洁自喜无有尘垢。衣服床卧亦复净洁，少于疾病。

——《放光般若经》卷十三

【品鉴】在生活中应养成良好的卫生习惯，经常去除尘垢，保持身体洁净，则可以抵御各种病菌的侵袭，扶正避邪，益寿延年。

不贪饮食，不贪衣服。

——《放光般若经》卷七

【品鉴】人生在世，对饮食和服装都不要过分奢求。物质的追求是难以满足的，以适度为宜。

夜闲安坐，心念纷飞，却将纷飞之心，以究纷飞之处。究之无处，则纷飞之念何存？

——《五灯会元》卷八

【品鉴】静而有思，思绪不绝，要能够找到心绪不宁的根源所在。若去掉了使人思虑烦恼的根源，就能心神清静。源净才能流清。

顺情生喜，违情生怒。

——《五灯会元》卷十二

【品鉴】遇顺而喜，遇逆而怒，是人之常情，但应能有所节制。能把握自己的人，等于掌握了开启人生智慧之门的钥匙。

药剂不食而病自损，
良师不亲而心自明。

——《五灯会元》卷十二

【品鉴】调养身心比每日进药更能促进健康，善于自学与独立思考，是掌握真理的重要途径。这样不仅能使自身精力充沛，而且还能不断提高自己的思想素质。

君子千里同风。

——《五灯会元》卷七

【品鉴】品德高尚的人，无论在何处都会体现出其具有的风范，令人敬仰。

妄系身为苦，人我心自迷。

——《少室六门集·第一门心经颂》

【品鉴】人若陷入私欲的泥潭，就难以自拔。自甘沉沦者，别人爱莫能助。

古松摇般若，幽鸟哳真如；况有归真处，长安岂久居。解语非千古，能言岂是声；不知常显露，刚道有亏盈。

——《人天眼目》卷四

【品鉴】久处喧嚣的都市和争斗不休的名利场，往往使人厌倦烦恼。在"明月照古松，鸟鸣清涧中"的山林、田野之间徜徉，更能使人心神安定。

是非憎爱世偏多，
仔细思量奈我何。
宽却肚肠须忍辱，
豁开心地任纵他。
若逢知己须依分，
纵遇冤家也共和。

——《五灯会元》卷二

【品鉴】世上的是非之争、各种感情的纷扰常常令人烦恼，不过只要能够放宽心胸，保持清净旷达之心，这些烦恼也许就会自行消失。人不仅要能够与知心的朋友友好相处，纵然遇到有宿怨的人也应该化干戈为玉帛，与他友好和平地相处。

是则照世间，如云开月现。
起止觉思维，坐卧不废忘。

——《法集颂经》卷二

【品鉴】如日月照人间，云散而光芒自现。为人做事，一言一行、一举一动都要用正确的思想做指导，才能少有过失。

心多为轻躁，难持难调护。

智者能自正，如匠搦箭直。

——《法集颂经》卷二

【品鉴】世人常常容易心浮气躁，心中总不平静。智慧的人有能力进行自我矫正，使躁乱之心归于沉静，好比工匠有能力把弯曲的箭做直一样。有成就的人，往往是能够自我约束，扬长避短的人。

观习而习之，知近而亲近。

毒箭在其束，净者被其污。

勇夫能除污，去恶不为伴。

——《出曜经》卷二十二

【品鉴】近朱者赤，近墨者黑。有毒的箭和其他箭束在一起，其他的箭也难免不受到污染。真正勇敢的人，要能够正视现实，正视自己，坚决改正错误，彻底抛弃恶习。要想成为至强者，首先要战胜自己的弱点。

水人调船，弓师调角。

巧匠调木，智人调身。

——《出曜经》卷十八

【品鉴】船工修理船身的漏水之处，弓匠修理弓身调角度，木匠选用适当的木材建造宫室房屋，聪明的人注重自己知识的学

习和思想、道德的培养。自省自爱之人，永远都是美好而善良的。

莫轻小恶，以为无殃；
水滴虽微，渐盈大器；
凡罪充满，从小积成。

——《出曜经》卷十八

【品鉴】千万不要轻视小毛病，以为无碍大事，其实滴漏之水也能溢出大盆，大错都是由小错逐渐积累起来的，因此要注意防微杜渐。

莫轻小善，以为无福；
水滴虽微，渐盈大器。

——《出曜经》卷十八

【品鉴】不要轻视做一两件好事，以为不会有什么作用。事情虽小，长年累月坚持下去，就会积少成多。聚沙成塔，滴水成河正是此理。

妄征求赂，行己不正，怨潜良人，以枉治士，罪缚斯人，自投在坑。

——《出曜经》卷十一

【品鉴】见利忘义，陷害忠良，不仅会危害社会，也会使自己跌进罪恶的深渊。损人者，人皆弃之。

无信不习，好剥正言，如拙取水，掘泉扬泥。

——《出曜经》卷十二

【品鉴】人在求学时，不接受正确的观念，反而对正确的思想妄加非议，这就像笨拙的取水人，掘地得泉而扬泥其中，最终仍然得不到可饮用的水。

信不染他，唯贤与仁，非好则远，可好则学。

——《出曜经》卷十二

【品鉴】贤能之人与仁义之士，能够自觉地近善远恶，从而不染恶习。把自己的坏习惯都归之于环境影响的人，是不成熟的人。

慧离诸渊，如风却云，己灭思想，是为慧见。

——《出曜经》卷十三

【品鉴】好比风能驱散乌云一样，智慧可使人摆脱各种世俗杂念的缠绕，从而变得更为聪明。

不自望利，不谄于人，不依他活，守己法行。

——《出曜经》卷十五

【品鉴】人不应当为了追求私利而谄媚于人，也不要依靠别人而活着，而应靠自己的努力和辛勤的劳动去生活。

嫉先创己，而后创人，击人得击，是不得除。

——《出曜经》卷十五

【品鉴】怨恨或嫉妒别人，首先受到损害的是自己。伤害别人，自己也会受到伤害，因此损人者最终以害己告终。互相损害者，两败俱伤。

华香不逆风，芙蓉旃檀香。

德香逆风熏，德人遍闻香。

——《出曜经》卷九

【品鉴】花朵的芳香只有顺风时才能闻到，道德之风却可以遍传天下。社会道德的作用是不容忽视的。

慎身为勇悍，慎口悍亦然。

——《出曜经》卷十

【品鉴】博览古今，尊重传统，能够谨慎处事而且品德高洁的人，其本身都是真正的勇士；言而有信，言出有据，言行一致的人同样也称得上是勇士。慎行不易，慎言更难。

护口意洁净，身终不为恶。

——《出曜经》卷十

【品鉴】说话谨严，出言有理，意识良好，行为端正的人一生都不会做坏事。在现实中，有劣迹的人，往往有恶言随口而出。

好以哙斗，是后皆无安。

——《出曜经》卷九

【品鉴】如果喜好与人在小事上斤斤计较，争执不休，那么以后就不会有安宁的时候了。

为人所爱敬，皆由己所造。

——《出曜经》卷九

【品鉴】一个人之所以受到别人的热爱和尊敬，都是因自己平时的一言一行堪称典范。欲得人尊重，必先自尊、自重。

好行福者，从此到彼，自受福祚。

——《出曜经》卷九

【品鉴】好为善行，关心他人的人，自己也会受益无穷。多一份奉献之心，也同样会得一份回报之果。

无厌有何足，不足有何乐？

无乐有何爱，无爱有何乐？

——《出曜经》卷四

【品鉴】对钱财贪得无厌的人永远不会满足，因此就不会有快乐；没有快乐的人也不会有爱心；没有爱心的人生活就不会幸福欢乐。欲爱自身，首先要爱人。

人为恩爱惑，不能舍情欲。

如是忧爱多，潺潺盈于池。

——《出曜经》卷五

【品鉴】人若沉溺在一己的感情天地里不能自拔，就会心胸狭隘，忧虑很多，如水注池塘，难免积以成患。走出自我的小屋，就会感到天高地广。

若欲报怨应加善，

不应以恶而毁害。

——《杂宝藏经》卷三

【品鉴】对别人有意见应善意地指出，不应恶意伤害他人。关心他人者，也同时关心了自己。

思维筹量论其实，

明了其理而后行。

——《杂宝藏经》卷三

【品鉴】办事要勤于动脑，反复思考，了解了事物的本质，明确了其中的道理再去做。善于总结经验是不断进取的前提。

而当恭敬我，不应生轻慢。

赞叹不生喜，毁骂亦不瞋。

——《大庄严论经》卷十

【品鉴】当别人对自己很尊重的时候，不应当轻视和怠慢别人。听到赞扬之声不要得意扬扬，听到指责、批评之时，也不要怒火中烧。

婴愚作过恶，智者应忍受。

譬如人抱儿，怀中种种秽。

不可以粪臭，便舍弃其子。

——《大庄严论经》卷九

【品鉴】对不懂事的儿童和因无知而做错事的人，有修养的人应当宽容他们，好比怀抱婴儿的人，并不因为孩子随意便溺就把他舍弃一样。

心能自悔责，修善得快乐。

——《大庄严论经》卷一

【品鉴】为人应常能自省其身，改正不足，为社会多做好事，内心就会经常保持充实和快乐。

恶道深如海，乱心如浊水。

——《大庄严论经》卷一

【品鉴】罪恶之道像海一样深，一旦涉入则难以自救；私心杂念如污浊之水难以澄清，因此做人要清除杂念，行为上要慎之又慎。

富贵利难止，轻躁不暂停。
智者应善知，无得骄放逸。

——《大庄严论经》卷一

【品鉴】对财富和名利的贪求是难以有止境的，明理之人应力戒骄奢淫逸。

命如叶上露，有生会当灭。

——《大庄严论经》卷四

【品鉴】有生就会有死，人的生命也好比树叶上的朝露，短暂易逝，因而一定要珍惜时光。惜身要从惜时做起，做人要从现在做起。

耳常闻恶音，未曾有善语。

——《大庄严论经》卷一

【品鉴】经常接触言语粗俗的人，久而久之自己说话也会出言不逊。

守志不移动，犹众川归海。

——《佛本行经》卷一

【品鉴】就像千万条江河最终总要汇入大海一般，人一旦立下了志向，就应该坚定不移地走下去。成功总是钟情于有志向之人。

守志不错乱，众邪不得下。

——《佛本行经》卷一

【品鉴】坚持自己的志向永不动摇，那么其他错误的东西是不能取代它的。

无翅欲腾虚，渡河无良舟。
人而无戒德，济苦为实难。

——《佛所行赞》卷三

【品鉴】没有翅膀的鸟儿难以飞翔，没有渡船无法过河。人如果没有德性、操守和修养，想要让他为大众做有益的事情是十分困难的。

毁戒招诽谤，仁者所不亲。

心常怀恐怖，恶名如影随。

——《佛所行赞》卷五

【品鉴】践踏社会道德的人一定会受到指责，被品德高尚的人们所疏远。做坏事的人心中常常害怕人们的谴责，坏的名声也好比影子一样永远跟随。

贪欲为巨患，诈亲而密怨。

猛火从内发，贪火亦复然。

——《佛所行赞》卷五

【品鉴】贪欲是巨大的灾难，与贪心之人久处就会使人产生怨愤和不满。好比肝火发自身体内部，贪欲的毒火也来自人的内心。不仅会损坏自身，也会危及他人。

贪欲之炽热，甚于世间火。

火盛水能灭，贪爱难可消。

——《佛所行赞》卷五

【品鉴】贪婪之火燃烧起来，比自然之火更加厉害。平时生活中失了火尚可用水来扑灭，而贪图私利的欲火却是难以熄灭的。

贪则为大病，智药愚夫止。

邪觉不正思，能令贪欲增。

——《佛所行赞》卷五

【品鉴】欲壑难填，只有用道德和智慧的良药才能使贪欲之心有所收敛。邪恶如果不能得到纠正、制止，则会使损人利己的私欲迅速膨胀，成为社会的公害。

猛热极焰盛，大云雨全消。
贪欲火炽热，其谁能令消？

——《佛所行赞》卷五

【品鉴】炎热的天气、熊熊的烈火，一场大雨就能将其消除，然而贪欲的火焰，又有什么能使它熄灭呢？

人遇穷苦时，不应反怨天。
悉应宗自在，不应奉余神。

——《佛所行赞》卷三

【品鉴】人生遇到贫穷和困苦时，不应只一味地抱怨天命不好，也不应把希望寄托在神灵身上，而应当清醒地面对现实。只有自强不息，才能战胜贫困。希望的路，就在自己的脚下。

愚者自称愚，当知善黠慧。

愚人自称智，是谓愚中甚。

——《出曜经》卷二十二

【品鉴】知道自己的不足和短处的人是有自知之明的人，因此才会不断充实和提高自己；知识贫乏而又自以为很聪明的人，才是最愚蠢的。

无病第一利，知足第一富，知亲第一友。

——《出曜经》卷二十二

【品鉴】人生没有疾病是最大的利益；无贪欲之心是最大的财富；与人和睦相处就是最广博的友爱。真正幸福的人，是拥有这些精神财富的人。

善观己瑕隙，使己不露外。
彼彼自有隙，如彼飞轻尘。

——《出曜经》卷二十四

【品鉴】要善于发现自己的不足，勇于改正自己的错误，不断地完善自身。人无完人，谁都会有不足之处，正如澄空中也会时时飞扬尘埃一般。所谓聪明的人，应当是善于发现自己的问题并努力改正的人。

人能作其福，亦当数数然，

于彼意愿乐，善受其福报。

——《出曜经》卷二十五

【品鉴】人应该多做有益于社会的事，这样不仅自己心情愉快，也会受到世人的赞赏和敬重。

人不守护心，为邪见所害。

——《出曜经》卷二十九

【品鉴】人若不注意思想品德的修养，就会被邪恶的思想所支配。恶行是恶心之果。

避诤不诤，犯而不愠。

——《出曜经》卷二十九

【品鉴】与人相处，要能得理让人，不要与人争吵不休。在别人的语言失当的时候，也要保持冷静，不愠不怒，此即谦谦君子之风。

避怨不怨，无所伤损。

——《出曜经》卷三十

【品鉴】想办法避开怨恨的攻击，那么对人对己都不会有损害。化干戈为玉帛，是智者的胸怀和作为。

能觉悟烦恼，宜发欢喜心。

——《法集要颂经·有为品第一》

【品鉴】能认识到挫折和烦恼是人生不可避免的，那么在困境面前就可以保持乐观的态度。

不寐觉夜长，疲倦道路长。

——《法集要颂经·有为品第一》

【品鉴】心神不定，难以入眠，才会觉得暗夜漫长；身心疲倦，信心丧失，就会觉得旅途遥远。

贪财为爱欲，害人亦自缚。

——《法集要颂经·爱欲品第二》

【品鉴】对金钱、财富的贪求，不仅损害他人利益，也使得自己成为金钱的奴隶。

离贪免沉沦，离贪得解脱。
因贪增喧净，因爱饶毁谤。

——《法集要颂经·爱欲品第二》

【品鉴】贪欲使人无所不为，互相猜疑，互相攻击。远离它则可以心平气和，安逸幸福。

迷醉如自禁，能去之为贤。

己升智慧堂，去危乃获安。

——《法集要颂经·爱欲品第二》

【品鉴】聪明的人不会沉醉于个人的利益之中。能跳出自我的狭小圈子，成为一个有益于社会的人，自己的心灵也会平静、安详。

不种邪见根，不于世增恶。

——《法集要颂经·放逸品第四》

【品鉴】人的一生应做到不做坏事，不为世上增加邪恶。如果人人都这样，我们的生活将更美好。

若所作不善，如彼无目人。

涉道甚艰难，路险怀恐怖。

——《法集要颂经·放逸品第四》

【品鉴】做坏事的人，会受到人们的指责和社会的制裁，终身都在不安和动荡中度过，正如盲人行路一样，艰难多险。弃恶从善，就会从阴暗中走向光明。

过去身恶业，应当自悔恨。

今身不放逸，智生罪除灭。

——《法集要颂经·善行品第七》

【品鉴】过去做过错事、坏事，现在应当坚决悔改，从此认真做人，那么就会使自己变得聪明，而不致于再入歧途。不要重犯以前的错误。

好以口快斗，彼后皆无安。

——《法集要颂经·语言品第八》

【品鉴】喜欢与别人争胜斗强、嘴不让人的人，谁也不愿与他相处。

或起或往来，不离其形影。
不但影随形，形亦自随影。
犹行善恶行，终不离自身。

——《法集要颂经·业品第九》

【品鉴】犹如人的形体和身影总是相随相伴一样，做好事做坏事都是由自己的思想决定的。高尚的心灵自会表现出美好的言行。

人欲练其神，要当数修琢。
智声易雕饰，乃名世之雄。
能亲近彼者，安隐无忧恼。

——《出曜经》卷二十五

【品鉴】智慧的人，不仅重视自己品德的修养，而且注重文明礼貌，努力完善自我，追求表里如一。与这样的人相处，就可以免除忧虑和烦恼。人常说：要知其人，可先观其友。同声者相和，说的就是此理。

无故畏彼人，谤毁清净者。
寻恶获其力，烟云风所吹。

——《出曜经》卷二十五

【品鉴】那些嫉妒诽谤他人的小人，尽管他们不择手段达到了自己的卑鄙目的，但得意终究不会长久，就像过眼云烟一般，不能久留，善良的人们永远不会真正尊重他们。

人之为恶，后自受报。
己不为恶，后无所忧。

——《出曜经》卷二十五

【品鉴】凡做坏事者，定会受到惩罚。不做坏事者，心中坦荡荡，生活平安而无所畏惧。

达己净不净，何虑他人净。
愚者不自练，如铁钻纯钢。

——《出曜经》卷二十五

【品鉴】要经常检查自己的言行是否端正，不要只挑剔别人的毛病。没有修养的人不重视自己品德节操的培养，就好比以铁钻钢，是不会达到预期目的的。

身死名俱灭，皆由贪欲故。

——《佛所行赞》卷三

【品鉴】贪欲之心，会使人身败名裂。古今中外，不乏事例，当引以为戒。

渊鱼贪钩饵，悉为欲所困。

——《佛所行赞》卷三

【品鉴】深水中的鱼儿，因为贪图渔人撒下的诱饵，结果吞下钓钩；贪利之人，因为想得更多的东西，结果有时连自身的性命也难以保住。所以说贪婪是祸患之源。

终身常畏怖，思虑形神疲。

——《佛所行赞》卷一

【品鉴】若整日提心吊胆、忧心忡忡，则会使人过早地憔悴和衰老。保持乐观的人生态度，才能看到生活的光明。

孤鸟离群衰，龙象独游苦。

——《佛所行赞》卷一

【品鉴】人活着没有朋友，就会像离群的鸟儿和失伴的动物一样，感到孤独和痛苦。人是不能离开群体而生存和发展的。

叹息烟冲天，熏慧眼令暗。

——《佛所行赞》卷一

【品鉴】无谓的抱怨与叹息，会使本来明亮聪慧的目光变得迷蒙暗淡；一个怨气冲天的人，是很难有什么明智之举的。

为何胜德色，修习与苦行。

——《佛所行赞》卷一

【品鉴】长期注意思想修养，严于律己，才能有高尚的品德，这需要用一生的行为来证明。

愿自宽情念，勿以忧自伤。

——《佛所行赞》卷一

【品鉴】忧愁伤身。最好的办法莫过于保持一个快乐的心境，自我宽舒，排遣忧虑，以利身心。良好的心态，不仅有利于自身，也会感染别人，使大家受益。

其心小清凉，气宣食饮通。

——《佛所行赞》卷一

【品鉴】心平气和，清静淡泊，会使周身气脉通畅，饮食正常。心胸不畅，佳肴美酒也无味；安贫乐道，淡饭粗茶分外香。

日夜增悲思，流泪常如雨。

——《佛所行赞》卷一

【品鉴】整日以泪洗面，不知控制自己的忧悒和悲伤，会给疾病大开方便之门。人在艰难的时候，不妨想想美好的时光，应懂得生活并不总是朗朗晴天，也会有阴晦的风雨黄昏。

苦离心意者，此身如枯木。
是故当调心，心调形自正。

——《佛所行赞》卷一

【品鉴】不良的情绪和恶劣的心境，会使人形同槁木，没有神采。因而保持内心的平静和愉快，就会显得生气勃勃，充满活力。

悲喜情交结，口许而心留。

——《佛所行赞》卷一

【品鉴】悲欢离合，这诸种感情，会在心中留下深刻的记忆。该忘的，自然会忘记；忘不了的，却怎么也抹不去。

时移形自变，必至无所疑。

——《佛所行赞》卷一

【品鉴】随着时间的推移，人的青春容貌也会改变，这是无法抗拒的自然规律。青春永驻，只是人们美好的愿望。

少壮无不老，举世知而求。

——《佛所行赞》卷一

【品鉴】岁月催人老，华年难永驻。然而从古至今，人们对长寿之道的探求却从未间断过。人们总是热爱生活，留恋人生的。

心存朽暮境，如归空塚间。

——《佛所行赞》卷一

【品鉴】哀莫大于心死。如果人内心已万念俱灰，那就只是徒具形体，虽生而犹死了。应当努力点燃每一个人的心灵之火，让人人都能有一个充实有益的人生。

有身必有患。

——《佛所行赞》卷一

【品鉴】有生命存在就必有忧患病痛，这是很自然的。人们不仅应当正确认识它，还要积极地治疗疾病。

离欲生喜乐。

——《佛所行赞》卷一

【品鉴】一旦摆脱贪欲，幸福自会降临。

一切诸世间，合会要别离。

——《佛所行赞》卷一

【品鉴】既然人生难免有无奈，世事多有缺憾。那么无论欢聚还是别离，都应坦然处之。苦辣酸甜、悲欢离合，绘就了一幅五彩人生图画。

忧悲增转深，如象溺深泥。

——《佛所行赞》卷一

【品鉴】沉溺于深重的忧愁和悲哀之中而不能自拔，就会像大象掉进无底的泥潭一样，越陷越深。

慈爱难可忘，莫作背恩人。

——《佛所行赞》卷一

【品鉴】不忘父母的慈爱和养育之恩，不做忘恩负义之人，这是人人都应具备的最起码的良知。

灭除轻躁意，和言善听讼。

——《佛所行赞》卷一

【品鉴】努力克服轻浮和急躁情绪，心平气和地听取不同意见。听赞扬的话总比听到指责心情舒畅，这是人性的弱点。

平正止诤讼。

——《佛所行赞》卷一

【品鉴】有理不在声高，平心静气的态度有利于制止纷争。发生纠纷和争执时，冷静的态度对双方都有利。

仙栖高胜境，不染于荣华。

——《佛所行赞》卷一

【品鉴】志向远大崇高的人，自然淡于世俗的荣华富贵，不会为一时一事的得失而斤斤计较。

亲贤远恶友。

——《佛所行赞》卷一

【品鉴】要与品行端正的人为友，远离道德败坏之人。环境往往能改造人，而人却往往无力改变环境。

莫如秋霜花，虽敷而无实。

——《佛所行赞》卷一

【品鉴】做人应当踏踏实实，不要像秋霜结成的冰花那样遇热即化，经不起任何考验。

一切如天物，应时自然生。

——《佛所行赞》卷一

【品鉴】自然万物，都遵循着自身的规律而生长变化，要努力去认识并掌握它，以造福人类。

执志安如地，心净若莲花。

——《佛所行赞》卷一

【品鉴】人生对理想的追求应当始终如一，如大地那样坚实稳固，而心灵应如莲花一般纯洁无瑕，出淤泥而不染。

多闻与智慧，名称及事业，如是四事者，不应顾先后。

——《法句经》卷三十

【品鉴】博闻、聪慧、名誉、事业，四者并重，乃仁人之所求，它是要用辛勤的劳动来换取的。

无欲无有畏，恬淡无忧患，欲除使结解，是为长出渊。

——《法句经》卷三十

【品鉴】无所贪求，才能无所畏惧；心怀恬淡高远，才能无忧无患。摆脱了欲望，好比解开了死结，又好似走出痛苦的深渊，踏上了幸福的坦途。

智慧最安身，不犯恶最安。

——《法句经》卷二十九

【品鉴】不断努力学习，增长才干，是安身处世最可靠的途径；不做危害社会和他人的事，生活就会愉快平安。

常内自省。

——《法句经》卷二十六

【品鉴】要时时检查自身，反省自己的言行。

毒无过怒。

——《法句经》卷二十三

【品鉴】狂暴的怒气是心中的剧毒。气大伤身，于事无补。

行恶得恶，如种苦种。

习善得善，亦如种甜。

——《法句经·爱身品》

【品鉴】人常说："善有善报，恶有恶报"。好比种瓜，种下苦瓜，就会自食苦果；种下甜瓜，就有香甜的收获。

梯稗害木，多欲妨学，耘除众恶，收成必多。

——《法句经》卷二

【品鉴】田中的杂草会妨害禾苗的生长，思想不集中，就会妨碍学业的增进。做学问要除去杂念，排除干扰，专心致志，才能有所收获。

贪欲生忧，贪欲生畏。

——《法句经》卷二十四

【品鉴】贪欲往往使人处于忧虑和恐惧之中，丧失生活的情趣。

守以慈仁，见怒能忍。
少欲好学，不惑于利。

——《法句经》卷七

【品鉴】为人处事，要宽厚谦让。学习上要孜孜不倦，专心刻苦，避免被名利所诱惑。这样才能志存高远，历久弥坚，有所成就。

道　家

神清气爽人长寿，阴阳平衡体自安。

哀莫大于心死，而人死亦次之。

——《庄子·田子方》

【品鉴】人生最悲哀的就是心灰意冷，志趣全无，就是死亡的悲哀都不及此。人凭志走，无志无异于心死。

不自见，故明；不自是，故彰；不自伐，故有功；不自矜，故长。

——《老子·二十二章》

【品鉴】不刻意表现自己，才能心明眼亮；不自以为是，才能名扬四方；不自我炫耀，才能取得成功；不故步自封，才能不断进取。人世间的事情，往往是相辅相成的。

道虽迩，不行不至；事虽小，不为不成。

——《荀子·修身》

【品鉴】路途虽近在眼前，但不前行就不能到达；事情尽管微不足道，如果不去做，也不能办成。不要忽视小事，大事往往是由小事演变而成的。

功遂身退，天之道也。

——《老子·九章》

【品鉴】成就了功业之后就退出来，把位置让与后人，这才是符合自然法则的。所谓"芳林新叶催陈叶""江山代有才人出"。不过，要真正悟透个中至理，却并不容易。

见素抱朴，少私寡欲，绝学无忧。

——《老子·十九章》

【品鉴】保持着朴素的本色，杜绝私心和贪欲，也不去关心那些奇闻异说，这样就可以过着无忧无虑的生活。

轻则失根，躁则失君。

——《老子·二十六章》

【品鉴】轻率就会忘记了原则和法度，急躁就会放弃了自己肩负的责任。领导者办事要慎重。

圣人为腹不为目，故去彼存此。

——《老子·十二章》

【品鉴】品德高尚的人只要求温饱而不追求享乐，因而能抵制物欲的引诱，追求宁静高远的情趣。人是不能没有精神依托的。

俗人昭昭，我独若昏。

——《老子·二十章》

【品鉴】大家都力图使自己显得精明，而我却愿显得朴实憨厚。老实人最终不吃亏。

俗人察察，我独闷闷。

——《老子·二十章》

【品鉴】大家都表现得机智、聪慧，而我却愿显得迟钝、含糊。难得糊涂比斤斤计较更能使人处之坦然。

我无为，而民自化；我好静，而民自正；我无事，而民自富；我无欲，而民自朴。

——《老子·五十七章》

【品鉴】不刻意要求，那么百姓自然归化；不滋扰人民，那么人民自然有规矩；不引起社会争端，百姓自然安居乐业；不豪奢浪费，民风自然淳朴。上有所好，下必效仿。

修之于身，其德乃真；修之于家，其德乃余。

——《老子·五十四章》

【品鉴】自觉地加强修养，那么品德就坚贞，把它用于家庭生活中，就使品德具有深厚的基础。家庭是培养品德的最重要的环境。

以其不争，故天下莫能与之争。

——《老子·六十六章》

【品鉴】由于不去争夺，所以世上没有人能与之比高下。争斗的烦恼，始于自身。

知足者富，强行者有志。

——《老子·三十三章》

【品鉴】知道满足的是富有的人，敢于迎着困难前进的人，就是坚强的人。可人心往往难以知足。

知常，容。容乃公，公乃全。

——《老子·十六章》

【品鉴】认识了自然，就胸怀广阔。心胸宽广的人才能大公无私，无私才能全面、客观地对待一切事物。不断地完善自我是人类的高尚品德。

无名之朴，亦将不欲；不欲以静，天下将自正。

——《老子·三十七章》

【品鉴】用自然的淳朴、真实来引导，使人绝弃了贪欲之心；没有了非分之想，人的心灵就自然宁静，整个社会也会走上正道。争名逐利，何以宁静？

含德之厚，比于赤子。

——《老子·五十五章》

【品鉴】具有高尚品德的人，与人相处往往好似纯真无邪的儿童。如果将老于世故称为成熟的话，那么不妨保留一些儿童的单纯和真诚。

知不知，上；不知知，病。

——《老子·七十一章》

【品鉴】认识到了，但却不自以为是，这是一种很高的人生境界；不知道，却自以为认识到了，这种态度是错误的。能认识到学无止境，并不是一件容易的事。

是以圣人为而不恃，功成而不居，其不欲见贤也。

——《老子·七十七章》

【品鉴】因此品德高尚的人对社会有所奉献但不自恃，有所成就也不居功自许，不愿意显示自己的智慧。淡泊以明志，宁静以致远，品德的修养要终生以求。

圣人怀之，众人辩之以相示也。

——《庄子·齐物论》

【品鉴】智慧、聪明的人对事物的体察可以容纳于心胸，而一般人则往往知之有限却急于表现出来。俗话讲：一瓶不响，半瓶晃荡，正是这个道理。

缘督以为经，可以保身，可以全生，可以养亲，可以尽年。

——《庄子·养生主》

【品鉴】顺乎人体的生理规律，不伤身劳神，可以保护身体，保持天性，可以赡养老人，抚育儿女，并长寿而终。人的身体是由物质构成的，损害它必然会留下后患。

端而虚，勉而一，则可乎？

——《庄子·人间世》

【品鉴】形象端庄，内心谦虚、谨慎，勤勉而贯彻始终，这样就可以了吗？对于自身内在的修养和外在的表现来说，这的确是很不错的了，但如果以为这样就能使所有的人以礼相待，那就错了。不同的人有不同的人生态度，对生活和人的评价会有很大的差别。

若能入游其樊而无感其名，入则鸣，不入则止。

——《庄子·人间世》

【品鉴】进入争名逐利的世俗的樊笼之中，却能超然物外，不为名利、地位等身外之物所吸引。自己的作用能够发挥，就积极而为；不能够发挥作用，就适可而止。

行事之情而忘其身，何暇至于悦生而恶死。

——《庄子·人间世》

【品鉴】做事的时候，能全身心地投入，不计较个人的得失，无暇留恋人生和畏惧死亡。做事情时，只有全身心地投入，才能发挥出自己最大的能量。

知不可奈何而安之若命，唯有德者能之。

——《庄子·德充符》

【品鉴】明白命运的无奈而泰然处之，这只有有品德、有修养的人才能做到。个人无法与社会的力量、自然的选择相对抗，但却可以从客观实际出发，面对自己的人生，乐观地走自己崎岖的小路。

使日夜无，而与物为春，是邻而生时于心者也。

——《庄子·德充符》

【注释】郤（xì）：同"隙"，间隙。

【品鉴】要使内心夜以继日地与自然万物的变化相融合。人与自然的和谐与统一，是人生美好的理想境界。

古之真人，不逆寡，不雄成，不谟士。若然者，过而弗悔，当而不自得也。

——《庄子·大宗师》

【品鉴】历史上能真正认识自己的人，不以多欺少、恃强凌弱，不算计他人。像这样的人，对过去的不会后悔，对眼前的成功也不自以为是。庄子讲的真人，是能够顺应自然、时代、社会的人，在道德修养上具有很高的境界。

凄然似秋，暖然似春，喜怒通四时，与物有宜而莫知其极。

——《庄子·大宗师》

【品鉴】对事像秋风扫落叶，待人似温和的春风。人的情绪与自然的更替变换应相适宜，对自然人们还不能完全认识它。道德的培育、心灵的修养，不是一朝一夕可以完成的。

人大喜邪，毗于阳；大怒邪，毗于阴。阴阳并毗，四时不至，寒暑之和不成，其反伤人之形乎！使人喜怒失位，居处无常，思虑不自得，中道不成章。

——《庄子·在宥》

【品鉴】人如果兴奋过度，就会损伤阳气；气愤过度，会损伤阴气。阴阳失调，四季不能适时而至，冷暖交替不能和谐，这怎能不伤害身体！由此使人的喜怒情绪不能自我控制，生活没有规律，考虑问题不得要领，做事没有始终和不讲规则。调养心性，遇喜则抑制，遇悲则调和，这样才能使精神处于平和与客观、冷静的状态，从而协调周围的关系，做好工作。

必静必清，无劳女形，无摇女精，乃可以长生。

——《庄子·在宥》

【品鉴】必须保持宁静，必须保持神志清爽，不要使你的身体劳累亏损，不要使你意乱神迷，这样就可以长寿。这不失为一种心理保健方法。世事纷纭，人人都会遇到各种矛盾，有时不妨息事宁人，人安己安。

天地有官，阴阳有藏。慎守汝身，物将自壮。

——《庄子·在宥》

【品鉴】天地运行有其主宰，阴阳都有所依托。要小心地保护自己，那么身心自然会健康。传统上称人骨为阳，血肉为阴，二者互为依存，伤骨则损形，亏形则害骨。

解心释神，莫然无魂。万物云云，各复其根。

——《庄子·在宥》

【品鉴】放松心情，释化精神，好似没有魂魄和感受。所有的事物都如此，那么就会显示出自然的本性。要达到身心的真正放松，首先必须抛弃世俗的名利与纷争。

同乃虚，虚乃大。合喙鸣，喙鸣合，与天地为合。

——《庄子·天地》

【注释】喙（huì）：鸟兽的嘴。

【品鉴】与宇宙的自然本源相通，就会虚怀若谷，心胸宽广就可以兼容广大。与自然合拍，表达时就似鸟兽发出的声音一样，自然合谐，和天地万物融合为一体。生存于自然，也应当与自然生态保持一种亲密的相辅相成的状态。

有治在人，忘乎物，忘乎天，其名为忘己。忘己之人，是之谓入于天。

——《庄子·天地》

【品鉴】对于人来说，真正的治理表现为忘却了万物的形态，忘掉了外界与自然，这就称之为忘我。忘我的人，可以说是与自然化为一体了。对于个人修养来说，一事当先，先考虑自己，在现实中随处可见，但一事当先，从不考虑自己的人却鲜有。古往今来，人们无不敬重有奉献精神的人。在文学艺术、科技领域中，只有真正进入"忘我"境界的人，才能有所创造，有所成就。

汝游心于淡，合气于漠，顺物自然而无容私焉，而天下治矣。

——《庄子·应帝王》

【品鉴】你应当使意念放松，淡泊自若，让身心清静，顺应自然界的万事万物，摆脱个人的私利，那么这个世界也就安定了。一个连个人的事情都办不好的人，一个自身的思想品德都低下的人，是不能办好集体的事情，并为社会做出良好表率的。

志亲易，使亲忘我难；使亲忘我易，兼忘天下难；兼忘天下易，使天下兼忘我难。

——《庄子·天运》

【品鉴】用澄明的心境对待亲人易，使亲人也用这样的心境对待自己难；让亲人们以澄明的态度对待自己容易，但同时也用这种态度对待天下人难；能够同时用澄明静虚的观点对天下人容易，然而使天下人都进入清澄无我的境界难。道家的理想境界是由个体出发过渡到群体的，并由此把理想的实现寄托于整个社会的实践。

自然篇

佛　家

怡情山水林为伴，花开花落水长流

凛凛朔风遍界寒，
千林叶落水成圆。
透肌彻骨谁能委，
惟有梅花笑破寒。

——《五灯全书》卷一百十三

【品鉴】纵有风雪、严寒，亦有斗寒人，尽管百花冬日凋败，却有寒梅笑傲霜雪。严酷的隆冬之后，就会迎来明媚的春光。

涧松千载鹤来聚，
月中香桂凤凰归。

——《五灯会元》卷六

【品鉴】优美的自然环境，会招来美丽的飞禽聚会，也会向热爱生活与自然的人发出无声的邀请。

春风吹柳絮，往复几时休。

——《五灯会元》卷六

【品鉴】杨柳沐春风，岁岁总相随。一年一度花相似，岁岁年年人不同。

雨来云雾暗，晴乾日月明。

——《五灯会元》卷八

【品鉴】阴雨来时天昏地暗，天晴后天空一碧如洗，月明风清。自然界的交替变化是神奇而美妙的。

今冬好晚稻，出自秋雨成。

——《五灯会元》卷八

【品鉴】风调雨顺必然会迎来稻花飘香，使耕耘者感到人寿年丰的喜悦。

桥上山万层，桥下水千里。
唯有白鹭鸶，风我常来此。

——《五灯会元》卷十

【品鉴】怡情于山水之间，与飞鸟林木为伴，也是一种人生的乐趣，让我们真诚地拥抱大自然。

日照寒光澹，山摇翠色新。

——《五灯会元》卷十一

【品鉴】日丽风和，山间的翠柏、青松别有一番风韵。动与静，刚与柔在这景色中达到了完美的和谐统一。

深秋帘幕千家雨，

落日楼台一笛风。

——《五灯会元》卷十二

【品鉴】秋雨日时登楼台，一曲笛音，一阵秋风，一阵密雨，使人生出无限情怀。人生总为离情苦，思乡、怀人各有别，不是个中人，怎解其中味？

飒飒凉风景，同人访寂寥。

煮茶山上水，烧鼎洞中樵。

——《五灯会元》卷十二

【品鉴】凉风初至，朋友到山中，烧水煮热茶，伴友人欣慰。知己欢聚情意浓，淡饭粗茶分外香。

渔唱潇湘，猿啼岳麓，丝竹歌谣，时时入耳。

——《五灯会元》卷十二

【品鉴】欢乐的渔歌与山间的猿声共回响，山歌和风吹竹林的声响相融合。人与自然的合唱，何尝不是一首动人的交响乐？

轻舟短棹泛波心，

蓑衣箬笠从他破。

——《五灯会元》卷十二

【品鉴】孤身泛舟，雨中垂钓，如此逍遥自得，好一番闲情逸趣。欲解其中味，须有一颗淡远、寂静的心。

拥氄对芳丛，由来趣不同。

发从今日白，花是去年红。

艳冶随朝露，馨香逐晚风。

何须待零落，然后知虚空。

——《五灯会元》卷十

【注释】拥氄（cuì）：氄原指鸟兽的细毛，此处借指梳理头发。

【品鉴】梳发于花前，人生各不同。年年花相似，岁岁人不同。不逐一时荣，但求一世清。回首看往事，心宁意气平。

朗月当空挂，冰霜不自寒。

——《五灯会元》卷九

【品鉴】月下寒霜也寓情，清新一片静夜中。

秋至山寒水冷，春来柳绿花红。

一点动随万变，江村烟雨蒙蒙。

——《五灯会元》卷八

【品鉴】季节更替，景色各异，春景秋色都随自然规律而变换。

清明已过十余日，

花雨阑珊方寸深。

春色恼人恨不得，

黄鹂飞过绿杨荫。

——《续传灯录》卷二十九

【品鉴】春花细雨，柳色黄鹂，虽言春景好，还得人欢畅。良辰有美景，情浓景亦明。

夜来月已十分好，

今日秋山无限青。

——《续传灯录》卷三十一

【品鉴】朗月当空，青山秋日，景色令人神往。摈除私欲杂念，人生意趣无穷。

争似春雨晴，春山青，白云三片四片，黄鸟一声两声。

——《续传灯录》卷二十五

【品鉴】青山如屏，白云悠悠，鸟鸣如琴，景色宜人。好山好景好心情，景美人美情更美。

江人春风梅信早，
山中日暖笋抽芽。
要知今日天心意，
先看庭前玉树花。

——《五灯全书》卷一百十七

【品鉴】早春时节，乍暖还寒，要知今日阴晴，玉树花前细瞧。自然界的变化，可以从细微处观察。所谓春江水暖鸭先知，正是此意。

依依嫩绿水云乡，
柳线牵风日渐长。
江北江南无限意，
声声好鸟弄晴光。

——《五灯全书》卷一百十七

【品鉴】春风吹过江南江北，杨柳吐绿，鸟鸣声声，万象更新。所以人们总爱把春光与青春联系在一起。

翠竹风摇声细细，

清流投涧响潺潺。

——《五灯全书》卷一百七补遗

【品鉴】风吹竹叶声来，水落深渊回响。两种音响，情味悠长。

江上雨桃红柳绿，
天空鸟语树头春。

——《五灯全书》卷一百七补遗

【品鉴】江南春色，细雨蒙蒙，岸边桃红柳绿，林中鸟鸣枝头。对生活的由衷赞美都表现在对景物的细致描绘中。

山前流水弄瑶琴，
听罢渔翁笑不禁。
今古未知霜月里，
脚跟走断是何人。

——《五灯全书》卷一百七

【品鉴】碧水青山景色新，人工怎比自然美？世人奔波岁月中，辛勤劳苦是阿谁？最佳不过自然态，鬼斧神工本天成。

桃花开放杏花红，
飞鸿叫落秋空老。

——《五灯全书》卷一百六

【品鉴】花开花落又一春,鸿雁来去又一年。一年一度长同此,哪管人间悲与喜。

柳树著前桑树红,

大千何处不春风。

——《五灯全书》卷一百六

【品鉴】山河万里,各有春色;人有万千,各有前程。人生贵在适志而已,何必强求?

秋风秋月入秋涛,

秋邑秋山秋菊饶。

秋日秋云秋最巧,

秋来秋去杖头挑。

——《五灯全书》卷一百六

【品鉴】此诗扣住一个秋字,写尽山中万般秋景。

日丽风和荡,烟霞扶柳枝。

黄莺啼古韵,露出几多词。

——《五灯全书》卷一百六

【品鉴】日丽风和,在霞光中微风拂柳,黄莺鸣唱,使人心旷神怡,从而发出吟诵之声,生出怀古之情。人与自然融为一体,随意赋诗皆佳句。

积雪凝水结未消，
　一枝寒玉寄梅梢。
灵苗不借东皇令，
　一段清香向外飘。

——《五灯全书》卷一百五补遗

【品鉴】冰雪时节，梅花傲雪迎霜，枝头飘来阵阵袭人的清香。谁说冬雪无诗意，踏雪寻梅几多情？

山悠悠也水悠悠，
　一杖雪深任自游。
树杪松花堪作食，
　秋迥荷叶可为裘。

——《五灯全书》卷一百五补遗

【品鉴】青山常在，碧水常流，不妨雪中观赏。心澄而情更真，无欲则景最美。

晚醉扶筇过竹村，
　数家残雪拥篱根。
风前有恨梅千点，

059

沙土无人月一痕。

——《五灯全书》卷一百五

【品鉴】夜晚手持竹杖带着醉意，漫步于竹林环绕的村庄，伴着空寂清凉的月光，看梅花朵朵寒风中开放。

扶过断桥水，伴归明月村。

——《人天眼目》卷六

【品鉴】小桥与流水，相伴夜归人。水流人亦动，月移惹人心。

古涧寒泉涌，青松带露寒。

——《人天眼目》卷六

【品鉴】清涧、泉水奔涌；青松、晨露微寒。不做山中客，哪得此情真。

溪光野色浸楼台，
一笛遥间奏落梅。
风送断云归岭去，
月和流水过桥来。

——《人天眼目》卷六

【品鉴】恬静的生活情趣，有益于身心健康。置身于田边、河畔，听那笛声出自梅林之间，看徐徐的清风卷去浮云，踏着月色赏梅，过小桥流水寻访人家，这是一幅多么静谧而优美的自然生活画卷。

或成或有坏，或有已坏灭。
譬如林中叶，有生亦有落。

——《大方广佛华严经》卷十

【品鉴】叶萌叶落，生死相因；代有传承，生生不息；自然界中许多事物都是相互转换、变化发展的。

万物有性情，古今有死生。然而死生性情，未始不相因而有之。死固因于情，情固因于性。使万物而浮沉于生死者。情为其累也。

——《镡津文集》

【品鉴】生与死相续相承是不可更改的自然规律，由此而生的喜、怒、哀、愁等情感都不应过于偏激，达观的人生态度对人是有益的。

用尽机关费尽功，
惺惺底事不如聋。
草鞋根断来时路，
百鸟不啼花乱红。

——《十牛图颂》

【品鉴】正所谓"机关算尽太聪明，反误了卿卿性命"。人不要心胸狭窄，以致走到水尽山穷，更不能为名利而趋炎附势。

日出光明照世间，
云幻焰散黑暗灭。
所有莹光及众星，
乃至满月皆映蔽。

——《佛母宝德藏般若波罗蜜经》卷下

【品鉴】真理的思想光辉，就好比那灿烂夺目的阳光普照山河大地，驱除了黑暗，带来了光明和勃勃生机。

问处分明答处亲，
尘尘刹刹总逢君。
一声黄鸟青山外，
占断风光作主人。

——《人天眼目》卷四

【品鉴】美好的景色使人流连，倍感亲切，在那青山碧水之间声声呼唤的黄鹂，使人感到它们才是这大自然的主人。只有热爱生活的人，才懂得欣赏自然。

在天成象，在地成形，在日月为晦朔，在四时为寒暑，鼓之以雷霆，润之以风雨，且道在。

——《续传灯录》卷三十

【品鉴】自然造化，鬼斧神工，天有天象，地有地形，白天与黑夜，春夏与秋冬，风雨与雷霆的变幻，有其自身的规律。

梦幻水月，芭蕉野马，深山之响。皆悉自然。

——《光赞经》卷八

【品鉴】人生梦幻，江天皓月，草木鱼虫，尘埃水声，自然造化，美丽而神秘。

百谷苗稼，甘蔗葡萄，雨之所润，无不丰足。

——《妙法莲华经卷三·药草喻品》

【品鉴】自然界的万物：百花、五谷、果实……都离不开雨露的滋润。水是生命之源，人人都要爱惜。

譬如江河淮海。大小异故，深浅殊故，名文别故。水在江中名为江水；水在淮中名为淮水，水在河中名为河水，俱有海中唯名海水。

——《金刚三昧经》

【品鉴】许多事物都有共同的地方，但因为所处的位置与条件不同，因此就形成各自的特点与分类。在考察事物时，要注意其本质性的东西。

众星拱北，万水朝东，葵花向日，修竹摇风。

【品鉴】正所谓物各有本性，不可更易。在我们的自然界中万物各有其规律，好比群星朝北斗，江河归大海，葵花向太阳，清风摇翠竹一样。

阴行阳耀自然之势。譬犹洒粒于土壤，而纳百倍之收。地谷无情于人，而自然之利至也。

——《弘明集》卷三

【品鉴】自然界的万物都有自己的生长规律。人勤地好，播种才能收获。

曰天何者，万物之总名；人者何，天中之一物。因此以谈，今万物有数而天地无穷。然则无穷之变，未始出于万物，万物不更生，则天地有终矣；天地不为有终，则更生可知矣。

——《弘明集》卷四

【品鉴】万物总称之为天，人只是万物之一。万物可数，而天地无极。然而无穷之天地变化，无不出于万物。如果没有万物生死兴衰之变化，那么天地也会有终时；天地之无终极，是可从万物的运动变化中得到证实的。万物若无变化，就不会有大自然中蓬勃的生命力。

灵机不随有无功，
见色闻声岂用聋。
昨夜金乌飞入海，
晓天依旧一轮红。

——《卐续藏经·十牛图颂》卷百十三

【品鉴】人的才智不应为名利心所束缚，名利易灭，而智慧永存。那昨日傍晚落入大海的太阳，天亮时不仍然是一轮红日吗？

柳岸春波夕照中，
淡烟芳草绿茸茸。
饥食渴饮随时过，
石上山童睡正浓。

——《十牛图颂》

【品鉴】春风、杨柳，芳草、夕阳，溪水、牧童，好一幅仲春柳岸牧牛图。

信步行来到此中，

山前山后草茸茸。

放渠散走陂塘去，

不似当年狂兴浓。

——《十牛图颂》

【品鉴】这里描绘的是一幅牛儿悠闲觅食的乡村生活画卷。虽未着牛字，诗翁情趣笔下收。

山花开似锦，涧水绿如蓝。

夜坐连云石，春栽带雨松。

——《人天眼目》卷六

【品鉴】山间的野花如锦绣，深涧的清水碧如蓝。傍晚坐在山顶的青石上，与白云为伴，迎着春风，沐着春雨，手植翠柏青松，别有一番生活情趣。

道　家

自然顺性寻常事，沐浴春风植翠柏

不知常，妄作，凶。

——《老子·十六章》

【品鉴】不认识自然，不了解事物的规律，而一味蛮干，必然会出乱子。

处无为之事，行不言之教。

——《老子·二章》

【品鉴】以顺其自然、静观其变的冷静眼光来看待事物，用自己的行为方式来教育他人。

道之尊，德之贵，夫莫之爵，而常自然。

——《老子·五十一章》

【品鉴】法则受到尊重，规矩受到重视，就在于它符合规律，顺应自然。只有尊重事物发展变化的客观规律，我们才能少走弯路。

道生之，德畜之，物形之，势威之。

——《老子·五十一章》

【品鉴】法则生成万物。自然的进化使万物各具形态，客观环境决定着万物的演变、生长。

桂可食，故伐之；漆可用，故割之。

——《庄子·人间世》

【品鉴】桂皮可以食用，所以砍伐它；漆能为人所用，因此被人割取。对社会和大家无用的人，人们也不会重视他。

佹成佹成，佹败佹败。

——《列子·力命》

【注释】佹（guǐ）：偶然。

【品鉴】偶然的成功，好像是必然的，但并非必然；偶然的失败，也不等于最终的失败。不要为意外的得失而忘乎所以。

贵以贱为本，高以下为基。

——《老子·三十九章》

【品鉴】富贵是以贫贱为根本的，高大是以低下为基础的。

既得其母，以知其子。

——《老子·五十二章》

【品鉴】知道事物的根源，有助于了解事物的发展和变化。溯本探源是把工作引向深入的方法。

见出以知入，观往以知来。

——《列子·说符》

【品鉴】知道支出就可以推算收入，考察过去就能预测将来。认真观察和研究是办好一切事情的根本。

年不可举，时不可止。

——《庄子·秋水》

【品鉴】岁月更替，时间不会停止不前。自然规律是不可抗拒的。

天地有大美而不言，四时有明法而不议，万物有成理而不说。

——《庄子·知北游》

【品鉴】大自然对生物有润泽却不讲，四季有更替也不炫耀，万物有各自成长的规律也不说。最有力量的现象莫过于自然的规律。

天道无亲，常与善人。

——《老子·七十九章》

【品鉴】自然法规对万物都一视同仁，但总是扶助着善良的人们。人世间善良人还是多数。

天之道，不争而善胜，不言而善应，不召而自来。

——《老子·七十三章》

【品鉴】自然法则，不强争而能得胜，不言语也能应对，不召唤就自然而来。顺应自然，适应自然，就能适应你所面对的生活。

天地相合，以降甘露，民莫之令而自均。

——《老子·三十二章》

【品鉴】天地之间，自然和谐，就能风调雨顺，不需人们刻意祈求而能自然调节。

天长地久。天地所以能长且久者，以其不自生，故能长生。

——《老子·七章》

【品鉴】大自然之所以能够万世长存，就在于它并不是为自己而生存的，所以能够永久存在。人生与自然相比是十分有限的。

天之道，其犹张弓与？高者抑之，下者举之，有余者损之，不足者补之。

——《老子·七十七章》

【品鉴】自然法则，就像使用的弓箭，高了则降低，太低则举高，过满就放松，不够则拉满。生活也须不断地调整和变化。

天网恢恢，疏而不失。

——《老子·七十三章》

【品鉴】自然的法力无边，它虽有不完全的部分，但能包容万物。

天之所恶，孰知其故？

——《老子·七十三章》

【品鉴】自然所抛弃的事物，又有谁知道它的原因呢？天地间不知有多少需要人们不断认识的事物呢！

夫物芸芸，各复归其根。

——《老子·十六章》

【品鉴】天地间的万事万物，都有其各自的本原。事物的变化总是有其内在的因果关系的。

万物皆出于机，皆入于机。

——《列子·仲尼》

【品鉴】一切事物都发端于细微处，最终又还原到微小之中。生活中没有一成不变的形态。

五色令人目盲，五音令人耳聋，五味令人口爽，驰骋田猎令人心发狂，难得之货令人行妨。

——《老子·十二章》

【品鉴】美丽的色彩会使人目不暇接，纷繁的音乐会让人难以分辨，美味佳肴反而会使人口无味，骑马打猎会使人不能自制，贵重的东西会使人失去规矩。过分地追求物质享受，会走向事物的反面。

物损之而益，益之而损。

——《老子·四十二章》

【品鉴】人们常可以体会到，对客观事物有心阻止反而加速了其发展，有意促使却使之受到损坏。可谓有心栽花花不发，无意插柳柳成荫。

物不至者则不反。

——《列子·仲尼》

【品鉴】事物往往不发展到极端就不会走向反面。要想有一个改变，就必然会经过由量变到质变的过程。

泉涸，鱼相与处于陆，相呴以湿，相濡以沫。

——《庄子·天运》

【注释】呴（xū）：吹气。

【品鉴】水干了，鱼群聚集在陆地，互相吹气以保持湿润，用唾液互相浸润着来维持生命的最后一息。人与动物都必须依靠群体才能生存发展。

泽雉十步一啄，百步一饮，不蕲畜乎樊中。

——《庄子·养生主》

【品鉴】在沼泽中生活的野鸡，走十步才能觅到一口食，走百步才能喝到一口水，然而它却不会希求被关在笼子里养起来。自由对于人和动物同样都是十分珍贵的。

飘风不终朝，骤雨不终日。

——《老子·二十三章》

【品鉴】狂风吹不了一早上，暴雨下不了一昼夜。在自然中，突发的或特殊的事件，毕竟是有限的。乌云终究挡不住太阳的光辉。

无，名天地之始；有，名万物之母。

——《老子·一章》

【品鉴】无，是天和地的本原和开始；有，是万物产生的根源。自然界中事物的有与无是相对应的，在可观察的范围内，组合在一起就形成了事物，分化后这一事物就不存在了。

道冲，而用之或不盈；渊兮，似万物之宗。

——《老子·四章》

【品鉴】法则形若虚无，虽看不见但其作用却无法估量；它如此深奥，好像万物的根本一样。环宇中的一切皆按其自身规律演化着。

绵绵若存，用之不勤。

——《老子·六章》

【品鉴】宇宙运行的法则，好似若隐若存的云雾，永相接续，永无边际。人对自然的探索不会停止在一个水平上。

载营魄抱一，能无离乎？

——《老子·十章》

【品鉴】作为心灵与肉体的载体，可以不分离吗？心志与躯体共同表现为人的客体存在，但两者既统一于一体，又有各自完全不同的表现形态。心可容天地，体可比树木，摧之有痕。

迎之，不见其首；随之，不见其后。

——《老子·十四章》

【品鉴】面对着它，看不到它的开始；追随着它，也看不到它的结尾。面对天幕，不知它始于何时，也不知未来世界的终极。我们对自己生存的空间，对宇宙的认识是有限的。

道常无为，而无不为。

——《老子·三十七章》

【品鉴】产生万物的根本法则并不刻意显示什么，而自然界的一切事物都按照其固有的规律进行着。也许人类认识自然首先应当从认识自身开始。

乐与饵，过客止。

——《老子·三十五章》

【品鉴】美妙的音乐、美味的食物，会吸引过往的行人。货真价实就是最好的广告。酒香不怕巷子深。

反者，道之动；弱者，道之用。

——《老子·四十章》

【品鉴】回旋往复，是自然法则的运动形式，静止般的微弱变化也是自然运动的表现。地球周而复始地运行，但也有一个相对恒定的运行轨道。事物都在变化，或衍生，或退化，但仍有一个相对不变的稳定期。自然界如此，在自然中生存、发展的人又何尝不是这样呢？

天之道，利而不害。

——《老子·八十二章》

【品鉴】自然界最根本的原则，是要符合客观规律。人类按自然规律办事，认识并充分地保护自然、利用自然资源，才能使其为人类提供最有效的服务。

若夫乘天地之正，而御六气之辩，以游无穷者，彼且恶乎待哉？

——《庄子·逍遥游》

【品鉴】遵循着自然界的运行规则，掌握大自然阴、阳、风、雨、晦、明等六气的变化，遨游于无际的天空和无限的岁月中，那还有什么要期待的呢？庄周的理想境界和内心世界是十分高远、旷达的。

肌肤若冰雪，绰约若处子；不食五谷，吸风饮露。

——《庄子·逍遥游》

【品鉴】皮肤洁白像冰雪，体态柔美像少女；不吃五谷，吸清风饮晨露。这就是庄子想象中的神仙。

子独不见狸狌乎？卑身而伏，以候敖者；东西跳梁，不避高下；中于机辟，死于罔罟。今夫斄牛，其大若垂天之云。此能为大矣，而不能执鼠。

——《庄子·逍遥游》

【注释】狸狌（shēng）：野猫与黄鼠狼。罟（gǔ）：网。斄（lí）牛：牦牛。

【品鉴】您没见过野猫和黄鼠狼吗？它们低身伏于地面，等候着过往的小动物，或东或西，或上或下，跳来跳去，常常落到猎人设的机关里，死在网中。再看牦牛，身体之大像天边的一片云彩，力气很大，却逮不住老鼠。事物各有特征，人也各有长短，要善于抓住事物的本质去认识它；同时也应学习别人的长处，以弥补自己的不足。

今日吾丧我，汝知之乎？女闻人籁而未闻地籁，女闻地籁而未闻天籁夫。

——《庄子·齐物论》

【注释】籁（lài）：箫管。管有长短，音有高下，吹而不同。人籁：人之音；地籁、天籁：自然万物之音响。

【品鉴】今天我忘却了自己，你了解吗？你听到人发出的声音，却未必听到大地发出的声音；即使你听到了大地的声响，却没有听到过天际中的音响。认识自然，永无止境。

地籁则众窍是已，人籁则比竹是已，敢问天籁?

————《庄子·齐物论》

【品鉴】大地之音是从各种孔窍中发出的气动风声，人之音可以比作从各种不同的箫管中发出的，请问什么是天发出的音响呢? 庄子认为天之音来源于自身，尽管声有万种，但都源于一处，即同出于自然的本身。虽然人源于自然，存在于自然，但物与我仍然是有界限的。没有这种界定，也就无所谓主体与客体了。

乐出虚，蒸成菌。日夜相代乎前，而莫知其所萌。

————《庄子·齐物论》

【品鉴】竹筒里发出各种音调，温暖湿润处生长各种菌类。这类事物日复一日地呈现在我们眼前，而人们却并不知道这种现象产生的原因。生活中有许多充满科学规律的现象未被掌握，不是人们缺乏认识自然的条件，而是缺乏能够深入观察研究，发现自然规律并改造它的科学的慧眼。

方生方死，方死方生；方可方不可，方不可方可；因是因非，因非因是。

————《庄子·齐物论》

【品鉴】随产生而来的是死亡，随死亡而来的是新的生命；肯定随即就要否定，否定接着又要肯定；正确以错误为依据，错误以正确为依据。事物都有两面性。正确的事，向前发展一步，就可能成为谬误；错误的东西，正确引导也会产生好的效果。

　　注焉而不满，酌焉而不竭，而不知其所由来，此之谓
葆光。

——《庄子·齐物论》

　　【品鉴】大海怎样注入也不会溢满，怎么舀取也不会枯竭，谁也不知这无际的事物从何处而来，这即是肉眼所不能分辨的隐蔽的光亮。它虽不能被看到，却时时处处能感受到。对于许多自然现象我们还不能认识它，但却能感觉到它的存在，吸引着人们永不停止地进行探索。

　　民湿寝则腰疾偏死，鳅然乎哉？木处则惴栗恂惧，猿
猴然乎哉？三者孰知正味？

——《庄子·齐物论》

　　【注释】栗（lì）：发抖。恂（xún）：此处指拘谨、害怕。

　　【品鉴】人处在潮湿的地方就会患腰疾，甚至偏瘫，但泥鳅也会这样吗？人在树上就会胆战心惊，而猿猴也会这样吗？这三种生灵究竟哪个最懂得选择居住的环境呢？特点不同，处境不同，出发点不同，结论迥异。如果我们在考虑问题时，能从对方的角度去审视，从另一个侧面去考察，那么就能够避免片面性。

安时而处顺，哀乐不能入也，古者谓是帝之县解。

——《庄子·齐物论》

【品鉴】安于现实，顺应自然，悲哀和快乐都不会使人心乱，古人称此为自然地摆脱了倒悬之苦。认识自然，就能冷静地对待自然规律。解除了心中的忧虑，能使人心定神安。

虎之与人异类，而媚养己者，顺也；故其杀者，逆也。

——《庄子·人间世》

【品鉴】老虎虽与人不同类，但仍对饲养它的人表示亲近，这是因为人掌握和顺应了老虎的习性；而之所以被虎伤害，是由于违背了虎的习性。对于自然界中许多对人易产生伤害的事物，应当努力去认识其规律，如火山、地震、洪水等。这样，不仅可以避免受到伤害，还可以利用或改造它们，使之为人类服务。

死生、存亡、穷达、贫富、贤与不肖、毁誉、饥渴、寒暑，是事之变，命之行也。日夜相代乎前，而不知不能规乎其始者也。

——《庄子·德充符》

【品鉴】生与死，存与亡，穷与达，贫与富，贤德与不肖，诋毁与名誉，饥饿与干渴，寒冷和炎热，这是事物的演变，自然法则的表现。好比白天和黑夜不断交替出现，而我们却不知这一运行规则始于何时。人类需要不断认识的事物何止万千！

道与之貌，天与之形，无以好恶内伤其身。

——《庄子·德充符》

【品鉴】漫长的演化形成了面貌，自然又给予人现在的形态，不要因为外界的变化或喜好和厌恶的情绪而伤害了自己平静的心。要珍惜生命，享受有限的人生，这才是顺应自然的修身之道。

知天之所为，知人之所为者，至矣。

——《庄子·大宗师》

【品鉴】认识自然的规律，从而懂得人应当怎样去做，这样的人，是最有智慧的人。

死生，命也，其有夜旦之常，天也。人之有所不得与，皆物之情也。

——《庄子·大宗师》

【品鉴】死亡和诞生，是自然法则的表现，好像黑夜和白天的更替是自然的变化形态。有的事个人是无法确定和参与的，它源于万物的发展和变化。要让有限的人生过得更充实，就应当努力地学习、工作。

夫大块载我以形，劳我以生，佚我以老，息我以死。

故善吾生者，乃所以善吾死也。

——《庄子·大宗师》

【品鉴】大地负载着我生命的形态，让我在劳苦中度过了一生，用衰老来使我修养，用死亡使我得到安息。因此，我热爱生命，也同样笑对死亡。只有认真并努力活过的人，在面对死亡之时，才能平静地说：我无愧于人生。

人皆有七窍，以视听食息。

——《庄子·应帝王》

【品鉴】人都有眼耳鼻口，用来观察外界，接受声音，进食与呼吸。大自然赋予我们生存与交流的器官，要好好地爱护，充分发挥其功能。

常然者，曲者不以钩，直者不以绳，圆者不以规，方者不以矩，附离不以胶漆，约束不以缪索。

——《庄子·骈拇》

【注释】缪（mò）：绳索。

【品鉴】宇宙万物皆有其常态。那本身弯曲的东西，不依靠画弧线的曲尺；笔直的东西也不依赖于求直的墨线；本身是圆形的东西，不依赖于圆规；方正的东西也不靠角尺。两个东西相互依存在一起也不靠能粘连的胶和漆；事物集聚一起，也无须用绳索捆绑。世间的万事万物自然天成，无须人力，人们可以从自然中受到有益的启示。

　　马，蹄可以践霜雪，毛可以御风寒。龁草饮水，翘足而陆，此马之真性也。

——《庄子·马蹄》

　　【注释】龁（hé）：嚼。

　　【品鉴】马蹄可踏寒霜积雪，皮毛可以抵御寒风。嚼草饮水，奔腾跳跃，这是马的本性所在。自然界之事物都有其自身的特征和规律，人不应把自己的意志随意强加其上，从而破坏了自然规律。

　　彼其物无穷，而人皆以为有终；彼其物无测，而人皆以为有极。

——《庄子·在宥》

　　【品鉴】宇宙的事物是没有穷尽的，但人们却都认为总有个终点，天际的事物是探测不尽的，而人们却认为总会有个极限。数千年前，我们的先哲就认识到宇宙的无穷，今天科学飞速发展，但对空间的探索仍是十分有限的。当我们仰望天际，会感到自己的渺小、无力，但人类存在一天，就会不断地向大自然进军，对宇宙的认识会一代胜过一代，永不停息。

　　乱天之经，逆物之情，玄天弗成；解兽之群，而鸟皆夜鸣；灾及草木，祸及止虫。

——《庄子·在宥》

【品鉴】搅乱自然的规律，违反事物的本性，这样自然的法则就被破坏；使野兽离群而走，鸟儿夜里不停地鸣叫；灾难还波及草木，祸及昆虫。庄子描绘了一幅自然被破坏后的可怕情景，令今人思之，犹有其现实意义。

视乎冥冥，听乎无声。冥冥之中，独见晓焉；无声之中，独闻和焉。故深之又深，而能万物焉；神之又神，而能精焉。

——《庄子·天地》

【品鉴】反映自然规律和一切事物本质的道，看起来幽远，听起来又悄无声息。在若有若无之中，可以看到它如日出般的迹象；在万籁俱静中又能听到万物孔窍之中发出的共鸣。因此，在深远而奥妙处能产生万物；在神明和玄机中产生了理性的精神、灵感。东方的圣哲很早就与浩瀚的宇宙进行对话了。

喻事篇

佛　家

贪婪金山犹嫌小，知足寒庐可高眠

圣贤无全德，君子无全能。

——《镡津文集》卷六

【品鉴】金无足赤，人无完人。所谓至高至圣的人也有不足之处，因此要经常反省自身。

役使知时不夺民利，禁肃贪暴民得安乐。

——《大萨遮尼乾子所说经》卷三

【品鉴】"民者，国之本也。"要关心民众，保护他们的利益，严惩贪官污吏，使人民安居乐业，在今天的现实生活中，仍具有积极意义，为官者当戒之。

心不负人，面无惭色。

——《五灯会元》卷四

【品鉴】不做亏心事，神情自坦然。瞒天瞒地，瞒不过寸心。

青山元不动，浮云任去来。

——《五灯会元》卷四

【品鉴】不管遇到什么障碍，追求理想的信念，应像青山一样永不动摇。心诚志笃，是成就事业的根本。

如彼眼翳是可治病，未遇良医，其目常冥。既遇良医，疾得见色。

——《大法鼓经》卷下

【品鉴】遇良医能使人的眼睛重见光明，遇良师能点燃人的智慧之光，使人终身受益。

穿杨箭与惊人句，不是临时学得来。

——《续传灯录》卷三十一

【品鉴】冰冻三尺，非一日之寒。任何成功都来自长期的磨炼。宝剑锋从磨砺出，梅花香自苦寒来。

水多得其同则深为河海；土多得其同则积为山岳；大人多得其同则广为道德。

——《镡津文集》卷一

【品鉴】积水成河，聚土成山。众人的美德可形成影响社会的道德风范。

大林中固有不材之木，大田中固有不实之苗。

——《镡津文集》卷一

【品鉴】美中也有不足，对人对事都不能绝对化，世上没有绝对完美的事物。也许正是由于存在着许多的不完美，才促使我们不断地奋斗和追求。

亦如臭虾肉，一聚群鸟争。
贪财亦如是，智者所不欣。

——《佛所行赞》卷三

【品鉴】贪图财富的人，就像争抢腐臭虾肉的群鸟一样，为有智慧的人所不齿。人为财死，鸟为食亡，在世俗者看来却是天经地义的。

如云水草山，风日火雹灾。
忧悲为四患，飘干烧坏心。

——《佛所行赞》卷一

【品鉴】忧虑和悲伤犹如风扫白云、日干清流、火烧枯草、冰雹覆山这四种灾害一样，会使人的身心遭受严重的损害。乐观的人生态度，是克服困难的动力。

得船善巧善知水相，此终不遭大海水难。

——《十住经》卷五

【品鉴】有正确的思想做行动的指南，用灵活的方法、方式对待具体问题，就能避免犯错误。重要的是要尽心尽力地去做一切事。

心常喜足。

——《大方广佛华严经》卷一

【品鉴】知足就能获得快乐和幸福。贪心金山千座犹嫌少，知足寒庐一间可高眠。

盖小不容于大，而大不处乎小也。故万斛之鼎不可满以盂水。一钧之钟，不可容于流泉。

——《折疑论》卷一

【品鉴】一小盆水不可能装满大鼎，三十斤的钟器也不能容纳长流的泉水。无论做什么事情，要从实际出发，量力而行。做人切莫放大镜下看自己，显微镜里看别人。

尽慧达照众心，朗如云消，玄通明彻，无有尘垢。

——《十住断结经》卷二

【品鉴】智慧之光可以驱除心灵的黑暗，就像云消日出，天空澄澈光明一样。金钱使人富有，智慧让人充实。

存心于贤而贤至；存心于不肖而不肖来；存心于亲则
其子孝，存心于学则其徒劝。

——《镡津文集》卷六

【品鉴】追求高尚的东西，思想境界自然提高；心术不正自
然会沾染恶习；对亲人爱护关心，就会受到子女的敬爱；学习孜
孜不倦，刻苦钻研，那么跟随他的人也能受到鞭策。正如人们常
讲的：榜样的力量是无穷的。

春禽昼啼秋虫夜鸣，虽百万遍果何益哉。

——《护法经》

【品鉴】鸟啼虫鸣千万遍，也挡不住春去秋来。自然界有其
特有的规律，不以人们的主观意志而改变。

舜家有犬，尧过其门而吠之。是犬也，非谓舜之善而
尧之不善也。以其常见者舜而未常见者尧也。

——《护法论》

【品鉴】家狗识主，遇生人而叫，并不能以此判断是客是贼。
对待任何事物，不能只凭表面现象判断是与非。

推己之验以及人也，岂虚言哉。

——《护法论》

【品鉴】亲身体验而产生的结论或经验，往往是十分可贵的。百闻不如一见，百见不如一试就是这个道理。

栋宇坚者，风雨不能飘摇，荣卫充者，疾病不能侵凌。

——《重刻护法论题辞》

【品鉴】房屋坚实，就不怕风雨袭击；身体抵抗力强，疾病就不易染身。注意思想修养的人，邪恶的念头就难以入侵。具备一定的思想和物质基础是非常重要的。

夏虫不可语冰霜，井蛙不可语东海。

——《护法经》

【品鉴】此正所谓燕雀安知鸿鹄之志，对牛何须把琴弹。对见识浅薄的人，不必谈论深奥的道理。每个人的认识水平都会受到环境和条件的制约。

庭前花盛发，室内不知春。

——《五灯会元》卷六

【品鉴】山河景物无限好，闭门不见怎知晓？不亲身体验生活，就不会真正了解它。对于千变万化、飞速发展的建设事业，如果不投身其中，就不可能正确评价我们的生活。

画鼓连槌响，耳畔不闻声。

——《五灯会元》卷六

【品鉴】画中擂鼓声声响，庭室之内静无声。画上的东西，不能代替实际的事物，理论的东西，也不能代替客观现实。

寒蝉抱枯木，泣尽不回头。

——《五灯全书》卷六

【品鉴】人若有错不应像秋蝉依附凋零的树木，直至声尽气绝，而应迷途知返，勇于悔改。有错必改，前程无量。

负笈攻文，不闲弓矢。

——《五灯全书》卷六

【品鉴】读书口不绝吟，练箭弓不离手，做任何事情都应具有这样的精神，万事贵在一个恒字。

若以结绳之政，施之于今可乎？

——《护法论》

【品鉴】结绳记事之法，用于今世则不通，社会是向前发展的，人不应墨守成规，应懂得长江后浪推前浪，世上后人胜前人的规律。

夫登蒙山而小鲁，登泰山而小天下，况有高于泰山者乎。

——《北山录》卷一

【品鉴】登高而望远，令人心胸宽阔。登沂蒙山而小鲁中，登泰山而小天下，更何况登上世界第一峰呢？

山非自高，所以高者泽下。夏非自暑，所以暑者冬寒。

——《十门辩惑论》卷中

【品鉴】沟洼之低才衬出山丘之高；冬日之寒才衬出夏日之炎。许多事物都是相对存在的，有比较才能有鉴别。

捐驱济物不邀名，
轻财贵义岂期报。

——《广弘明集》卷二十八

【品鉴】为理想和事业奋斗的人并不以名利为重，帮助别人也不是为了期望得到回报。古往今来，为理想献身的人代有传承。

一行之失痛于割肌；
一言之善重于千金。

——《广弘明集》卷十

【品鉴】一失足成千古恨，痛于外伤；好话一句三冬暖，非金可比。人的说话和行事，都应谨慎从之。一言一行既要对社会负责，也要为自己和家人负责。

故夫凶鬼助恶强魔毁正，子之谓矣。譬犹持瓢欲减江海，侧掌以蔽日月。不能损江海之泉，掩日月之明也。

——《弘明集》卷七

【品鉴】歪风邪气滋生会制造罪恶，危害社会。但正如瓢舀不尽江海之水，手遮不住日月光辉的道理一样，真理终究会战胜邪恶。扬善抑恶是每个人应尽的社会义务。

大道废于曲土也。

——《弘明集》卷三

【品鉴】对于正确的思想认识来说，曲解比无知更有害。如果是认识上的偏差，这也是难免的，但如果是有目的的曲解，那么它的危害就更大了。

只为迷悟在人，损益由汝。

——《五灯会元》卷二

【品鉴】头脑清醒还是糊涂，办事正确还是错误，究其根本，还在于自己。在天时地利条件都相同的社会环境中，最重要的在于人事。

若不蓝田射石虎，

何人知是李将军。

——《五灯全书》卷一百十三

【品鉴】正如李广射石虎一样，人只有将自己的才干表现出来，别人才会了解你的能力。不经危难，怎显出英雄本色？

鸟栖林麓易，人出是非难。

——《五灯会元》卷六

【品鉴】飞鸟投林本出于自然，而人生活在世界上，却往往难以逃离世间是非恩怨的旋涡。工作、学习固然不易，但处理人际关系更难。

妙行无伦比，情玄体自殊。

——《五灯会元》卷六

【品鉴】深奥的道理和复杂的事物，其表象也往往不同于一般。内容与形式、本质与表象既有联系，又有区别。

有虎鸦须噪，无人鸟不惊。

——《五灯会元》卷六

【品鉴】事物之间常常是相互影响，相互联系的。所谓无风不起浪，树欲静而风不止，说的即是此理。

灵鹤翥空外，钝鸟不离巢。

——《五灯会元》卷六

【品鉴】仙鹤冲天高飞，笨鸟不离巢穴。人的志趣和品位相异，处事态度不同，结果也会完全不同。人在青年时期理当跟上时代潮流，敢于下海弄潮。

湛水无波，沤因风激。

——《五灯会元》卷六

【品鉴】清澈的池水，其自身不起波澜，要靠风的吹拂才能泛起涟漪。认识问题，不仅要注意现象，更要究其原因。

白首拜少年，举世人难信。

——《五灯会元》卷六

【品鉴】老年学少年，此举不多见。然而在学习中，应当不分长幼尊卑，谁有知识，就可拜他为师。人常说的忘年交就是这种关系的例证。

海水不劳勺子舀。

——《五灯会元》卷六

【品鉴】海水不因勺舀而枯竭，知识的宝藏永远采掘不尽，在知识海洋中探索的人也永远不应自满。

水浅无鱼，徒劳下钓。

——《五灯会元》卷六

【品鉴】在生活的征途上，只有敢于扬风帆、顶恶浪的勇士，才会有胜利的喜悦；害怕风浪的人，就像在浅水处钓鱼一样永远也不会有收获。

莫将鹤唳误作莺啼。

——《五灯会元》卷六

【品鉴】对事物要善于分辨它的不同特点，善于鉴别真假是非。因此要勇于实践，认识生活，了解周围的事物。

枯树无横枝，鸟来难措足。

——《五灯会元》卷六

【品鉴】枝繁叶茂的大树，才会招来飞鸟栖身。桃李不言，下自成蹊。只要你奉献出真诚和热情，就不会缺少真正的朋友，只有真心才能换来爱心。

一片白云横谷口，
几多归鸟尽迷巢。

——《五灯会元》卷六

【品鉴】白云障日虽一时，但也会使飞鸟迷途。在生活中，人们有时也难免被错误的思想引入歧途，重要的是能发现偏差，立即纠正。

献璞不知机，徒劳招刖足。

——《五灯会元》卷六

【品鉴】卞和献玉之时，恰逢无人识宝，结果招致双脚被砍。办事要善于把握时机，审时度势，才能收到预期的效果。即便是机遇，也总是垂青于有准备的人。

草深多野鹿，岩高獬豸稀。

——《五灯会元》卷六

【品鉴】草丰多麋鹿，山高异兽稀。正如曲俗从者众，曲雅和者寡，环境造就人，时势造英雄。

既是大商，何求小利。

——《五灯会元》卷六

【品鉴】既然想成就大事业，就不必在一些细枝末节上纠缠不清。成大事者当有大气度，放长线者方能钓大鱼。

掷宝混沙中，识者天然异。

——《五灯会元》卷六

【品鉴】是真金不会永远埋没于沙土之中，是人才自有脱颖而出之日。身怀绝技走四方，何愁天下不识君？

一切学道人，随念流浪，盖为不识真心。

——《五灯会元》卷二

【品鉴】真心追求真理的人，应始终如一，而不应随波逐流。人凭志走，海阔天高。

得失是非，一时放却。眼若不睡，诸梦自除。

——《五灯会元》卷一

【品鉴】患得患失，永无宁日。正如无眠则无梦，抛却名利，对一切就能泰然处之，即大失方有大得，大量方容大福。

身是菩提树，心如明镜台，
时时勤拂拭，莫使惹尘埃。

——《五灯会元》卷一

【注释】菩提：佛家指觉悟、境界。

【品鉴】要想保持美好的精神境界，必须经常反省自身，抵制不良思想的影响，使心灵得到净化。禅宗六祖慧能在此诗偈的基础上诵曰：菩提本无树，明镜亦非台。本来无一物，何处惹尘埃？从中可见佛理义趣。

风来波浪转，欲静水还平。

——《五灯会元》卷二

【品鉴】无风不起浪，风止水自静。任何事物都会受到外部原因的影响。遇事要善于由表及里、溯本探源。

如人饮水，冷暖自知。

——《五灯会元》卷二

【品鉴】鞋子夹脚否，只有脚知道；不是个中人，谁解其中味？

击水鱼头痛，穿林宿鸟惊。

——《五灯会元》卷十二

【品鉴】击水鱼知，穿林鸟惊。事物之间有密切的联系，所谓牵一发而动全身，就是这个道理。所以处理问题，应注意局部和整体的关系。

昨见垂杨柳，今逢落叶黄。

——《五灯会元》卷十二

【品鉴】光阴飞逝，岁月无情。莫让年华付流水，春去秋来空叹息。

一处有滞，自救难为。

——《五灯会元》卷十二

【品鉴】人一旦沾染上恶习，就难以自拔。如俗话说：上贼船容易，下贼船难。

黄河九曲，水出昆仑。

——《五灯会元》卷十二

【品鉴】水自有源，事各有因。滚滚东去的黄河、长江，都源于涓涓细流。立大志，发宏愿者，应先从小事做起。

网底游鱼，龙门难渡。

——《五灯会元》卷十一

【品鉴】石板下的幼苗，难以长成大树；在重压困缚之下，难以成就事业。人在恶劣的环境中难以发挥作用，明智者应摆脱困境，善于选择落脚点，所谓"良禽择木而栖"。山不转水转，水不转人走，即是此理。

塞北千人帐，江南万斛船。

——《五灯会元》卷十一

【品鉴】华夏山河美，处处有风情。大漠人住帐，南国水行船。地理环境与气候的不同，形成了各地不同的生活习惯和风俗。

有时意到句不到，如盲摸象，各说异端。

——《五灯会元》卷十一

【品鉴】盲人摸象，只见部分，不及其余。人要善于正确表达自己的思想观点，防止片面性。

临阵抗战，不惧生死者，将军之勇也。入山不惧虎兕者，猎人之勇也。入水不惧蛟龙者，渔人之勇。

——《五灯会元》卷十二

【品鉴】将军不怕作战，猎人不畏虎狼，渔人不怕蛟龙。无论做何事，有牺牲精神才有成功的希望。除了必有勇气之外，还要讲究办法，出现什么问题，就要善于寻找解决这一问题的行家里手。

假使心通无量时，
历劫何曾异今日。

——《五灯会元》卷十二

【品鉴】君子胸怀宽广坦荡，世俗利禄风至潮来也不会为之所动，也不会为人间的酒色财气所伤。

光阴可惜，时不待人。

——《五灯会元》卷十二

【品鉴】岁月匆匆过，时光不倒流。人人都应珍惜自己有限的生命。

泥牛昨夜游沧海，
直至如今不见回。

——《五灯会元》卷十二

【品鉴】光阴一去不复返，青春一去不再来。恰如泥牛入海，永无还日，诸君自当珍惜。一寸光阴一寸金，千金易掷，岁月难留。

不展锋芒，如何得胜。

——《五灯会元》卷十一

【品鉴】人的知识和才干只有被施展出来才有价值。

千钧之弩，不为鼷鼠而发机。

——《五灯会元》卷十一

【品鉴】挽月之弓不射小鼠。为理想而奋斗的人，不会去顾及自己鼻尖底下的一点小事。处处都想占小便宜，最终就是吃大亏。

满炉添炭犹嫌冷，
路上行人只守寒。

——《五灯会元》卷十一

【品鉴】身处炉旁嫌天冷，哪知路人受风寒。环境不同，条件相异，人对事物的感受也会差别很大。

鹤冷移巢易，龙寒出洞难。

——《五灯会元》卷十一

【品鉴】即使处在同样的环境之中，人们的处世态度也各有不同。大小各有便利，强弱各有优劣，小舟掉头易，大船回头难。

因风吹火，用力不多。

——《五灯会元》卷十一

【品鉴】顺水推舟舟自轻。在工作和学习中，要善于调动积极因素，因势利导，就会事半而功倍。武林高僧，用力讲究四两拨千斤，用的就是借力之法。

金鸡专报晓，漆桶夜生光。

——《五灯会元》卷十一

【品鉴】雄鸡报晓，漆物有光。物各有用，人各有长。与人相处，要能知人所长。只有扬长避短，才能人尽其才、物尽其用。

一言截断千江口，
万仞峰前始得玄。

——《五灯会元》卷十一

【品鉴】恶语绝人千条路，险峰谷底方知暗。说话办事要三思而行，留有余地。祸从口出，轻则争辩斗勇，重则深为其害。

天恩未遇，后悔难追。

——《五灯会元》卷十一

【品鉴】有时好的机会一生只有一次，一旦错过，追悔莫及。要善于抓住机遇，把握人生。

为众竭力，祸出私门。

——《五灯会元》卷十二

【品鉴】为公众的事业，应竭尽全力；如果私心太重，必定招来祸患。身负大任者，要知吃亏是福。

青松盖不得，黄叶岂能遮。

——《五灯会元》卷十二

【品鉴】品德高尚的人是不怕别人造谣、污蔑的，恰如苍翠高耸的松树，哪里是飘落的黄叶能够遮没的？做事问心无愧，又何虑他人说三道四呢？

海枯终见底，人死不知心。

——《五灯会元》卷十二

【品鉴】人心如大海一般深不可测，人的思想也是十分复杂的，许多人死后还留给人间许多疑团。故曰：盖棺未必能定论，万世千秋辨忠奸。秦皇陵前今有论，无字碑下话未闲。

鹊不得喜，鸦不得殃。

——《五灯会元》卷十二

【品鉴】喜鹊未必报喜，鸦噪未必有殃。人所偏爱的东西未必都好，嫌弃的东西也并非总是恶。也许人的内心总要借助外物来平衡或加以慰藉吧。

天得一以清，地得一以宁，君王得一以治天下。

——《五灯会元》卷十二

【品鉴】天得日则澄清，地合阴则安宁，国得明君则天下太平。

人民安居乐业，国家就繁荣富强。

观风知浪起。

——《五灯会元》卷十一

【品鉴】风至浪涌，月晕而知风。见微知著，窥一斑而知全豹。要善于由点及面，由表及里地考察事物。

鹤有九皋难翥翼，
马无千里漫追风。

——《五灯会元》卷十一

【品鉴】鹤纵有冲天之力也难飞遍诸皋，马没有奔驰千里之力就不能追随飞逝的疾风。没有一定的能力，就不要强求做难以胜任之事。道家知己者明，克己者强的认识与此有异曲同工之妙。

如鱼沉潜深隐处，
游泳水中难可见。
力求其食吞钩饵，
贪欲贪身亦复然。

——《大乘理趣波罗蜜多经》卷五

【品鉴】要加强思想品德的修养，排除损人利己之心。在生活中常有为了贪一时之利，却断送了一生的名声和前程的悲剧。

诚所谓：一失足铸成千古恨。

三声猿屡断，万里客愁听。

——《五灯会元》卷八

【品鉴】山猿声声唤，游子添乡愁。人的感情往往借客观事物来表现，而外界事物也会引起人感情的波动。所谓景为情设，情为景生，体物寄情，情景相生之妙即指此意。

每日三条线，长年一衲衣。

——《五灯会元》卷八

【品鉴】日缝几针，积以成衣。做事要有恒心，知识需要积累，能力需要培养，没有十年寒窗，哪得满腹华章？

幽涧泉清，高峰月白。

——《五灯会元》卷八

【品鉴】潜深渊方见水清，登高峰而觉月明，才学渊博之士见地往往高人一等。要勤于学习，勇于实践。

事官于日，失在一朝。

——《五灯会元》卷八

【品鉴】为政经年，关键处一朝不慎，则失信于民。好比对弈，一着不慎则满盘皆输。人生关键处只有几步，君自当慎之。

谓言侵早起，更有夜行人。

——《五灯会元》卷八

【品鉴】山外有山，天外有天，人外有人。正是"山外青山楼外楼，英雄好汉争上游"。

日能热，月能凉。

——《五灯会元》卷八

【品鉴】日月相循，凉热相因，世界上的事物都是相互对立而存在的。绝对的事是没有的，顺利时要认识到不利因素，逆境中也要努力化被动为主动。

朱实殒劲风，繁英落素秋。

——《五灯会元》卷八

【品鉴】待熟之果失于疾风，纷繁花瓣落于秋寒。美好事物常无奈于恶劣的环境，令人顿生扼腕之叹。世上总是有着许许多多的不完善，人生也难免有种种遗憾。

月色如此，劳生忧忧，对之者能几人？

——《五灯会元》卷十

【品鉴】对于人间美景，许多终日为生计劳碌忧虑的人是无心观赏的。在现实中为生存而挣扎的人，是很难体味出生活美和自然美的。

云无人种生何极，

水有谁教去不回。

——《五灯会元》卷十

【品鉴】在自然界中，许多事物的产生与变化是不以人的意志为转移的。主观愿望不能代替客观现实。

贼不打贫家儿。

——《五灯会元》卷十

【品鉴】人无浮财不怕贼偷，不做坏事，心底坦荡。无财无官一身轻。

看经不识经，徒劳伤眼睛。

——《五灯会元》卷十

【品鉴】求知如果不求甚解，那么只能是白白浪费时间。

道泰不传天子令，

时人尽唱太平歌。

——《五灯会元》卷十

【品鉴】国泰民安无须严令，黎民百姓同唱赞歌。所谓民众是社会状况最好的见证人，说的就是这个道理。

一月千江，体不分水。

——《五灯会元》卷九

【品鉴】如"江海何处不月明"的常理一样，有高尚品德和真才实学的人，在任何地方都能严于律己，施展才华。

心机意识，著述得成。

——《五灯会元》卷九

【品鉴】深入钻研，学有所得，就能著书立说。

蚊子上铁牛，无汝下嘴处。

——《五灯会元》卷九

【品鉴】注意思想品德的培养，那么，损人利己的邪念就如蚊子叮铁牛一样，无隙可入。

风动心摇树，云生性起尘。

若明今日事，昧却本来人。

——《五灯会元》卷八

【品鉴】世俗之风会引起人心性的变化，正如有的人为了追求时兴，做东施效颦状，反失了本来面目。弄巧成拙的事在生活中并不少见。

荆山有玉非为宝，

囊里真金赐一言。

——《五灯会元》卷八

【品鉴】金银珠玉不为宝，真才实学更珍贵。真正的友谊，并不表现为赠送奇珍异宝，而是关心朋友的道德和修养。

溪畔披砂徒自困，

家中有宝速须还。

——《五灯会元》卷七

【品鉴】人生处世小心为好，出门在外，更应谨慎，要注意防患于未然。

扪空追响，劳汝心神。

——《五灯会元》卷七

【品鉴】要把精力用在工作与学习上，不应把希望建筑在不切实际的空想上面。把思想付诸行动才具有现实意义。

无星秤子，有甚辨处。

——《五灯会元》卷七

【品鉴】对于没有是非标准的人，是很难同他讲清道理的。黑白颠倒，谎言代替了真理的时候，争辩真假是毫无意义的。

要得洪者喧宇宙，
直须更上一层楼。

——《续传灯录》卷三十五

【品鉴】登高而望远，学然后知不足。要想追求真理，必须努力学习。

松柏千年青，不入时人意。牡丹一日红，满城公子醉。

——《续传灯录》卷三十五

【品鉴】有些经过时间的考验是有益的东西，未必会使人们感兴趣；一些新奇的事物往往使人着迷，但却未必能经得起时间的考验。松柏常青无人赏，牡丹花开倾城观，正是这种现象的写照。

佳人睡起懒梳头，
把得金钗插便休。
大抵还他肌骨好，
不涂红粉也风流。

——《增集续传灯录》卷一

【品鉴】青春就是美，美在天然。

平地怒涛千百尺，
旱天霹雳两三声。
可怜日下守株客，
凉兔不逢春草生。

——《增集续传灯录》卷六

【品鉴】川无涛、旱无雷，守株待兔得几回。人生不要把愿望、理想寄托在偶然的契机上，不必羡慕中得头彩的幸运者。要依靠自己的辛勤劳动来创造幸福的生活。

福不可受尽，福尽必致祸殃。

——《罗湖野录》卷下

【品鉴】在顺利时更应小心处事，不要掉以轻心。否则乐极生悲，灾祸就不远了。

语言不可说尽，说尽则机不密。

——《罗湖野录》卷下

【品鉴】说话办事要留有余地，人常讲：话到嘴边留三分，莫对他人道短长。

无根树子向什么处栽？

——《五灯会元》卷十

【品鉴】不努力学习知识的人，如无根之树，走到哪里都难以立足。

大施门开，何曾壅塞？生凡育圣，不漏纤尘。

——《五灯会元》卷十

【品鉴】生活的大门对每一个人都是打开着的，同时每个人的生活条件、家庭环境、社会影响都有所区别，无须攀比。

人无心合道，道无心合人。

——《五灯会元》卷十

【品鉴】如果不努力追求真理，那么正确的东西也不会从天上掉下来。

鹤胫长，凫胫短；甘草甜，黄连苦。

——《五灯会元》卷十

【品鉴】大千世界中，事物各有特点，不能强求一致。

一了千明，一迷万惑。

——《五灯会元》卷十

【品鉴】人常说：一了则百了。做任何事，都要打好基础，开始最重要。又若理麻，须从头始，头清则千尺明；若无头绪，愈理则愈乱。

千流竞注，万派争流，若也素行舟，便谙水脉可以优游性海，笑傲烟波。

——《续传灯录》卷二十九

【品鉴】江河万里行，如习于水性，懂得行舟，那么也一样可以在海中漫游。人生只要懂得做人的道理，那么也可以坦然地应付任何复杂的局面。

花烂漫、景喧妍，休说壶中别有天。

——《续传灯录》卷二十八

【品鉴】做人应面对多彩多姿的社会生活，不要沉溺在醉生梦死的小天地之中。好比坐井观天，不知外面世界；孤陋寡闻，满足于一孔之见。

　　飑下屠刀，立地成佛。

——《续传灯录》卷二十八

　　【品鉴】迷途知返，亦是正道；错了就改，大有希望。佛家的宽容大度，源于对人生的深刻剖析。

　　人逢好事精神爽，
　　入火真金色转鲜。

——《续灯传录》卷二十八

　　【品鉴】人若有好的精神状态，可以把事情做得更好，好比火炼真金，愈炼愈夺目。

　　落叶知流水，归云识旧峰。

——《续传灯录》卷二十五

　　【品鉴】老马识途。经过生活磨炼的人，才能真正体会到真诚的友谊与爱情的价值和意义。

　　当初寻时寻不见，

如今避时避不得。

——《续传灯录》卷二十六

【品鉴】人们对待世间事物的态度，无不随着时空的变化和人的思想观念及感情的变化而改变。

如藤倚树，物以类聚，树倒藤枯。

——《续传灯录》卷二十四

【品鉴】世界上有许多互相利用、互相依存的事物。恰如树倒藤亦枯的道理一样，人更是不能离开群体而生存的。

少年一段风流事，

只许佳人独自知。

——《续传灯录》卷二十四

【品鉴】人在青年时期，面对五彩缤纷的世界，难免会做出荒唐事来。西谚曰：青年人犯错误，上帝也会原谅的。

处处逢旧路，头头达故乡。

本来成现事，何必待思量。

——《五灯全书》卷一百十九

【品鉴】条条大路通罗马，人生有志无绝路。天生我才必有用，锦绣前程脚下走。

若得贤能伴，俱行行善悍。

不得贤能伴，俱行行恶悍。

——《法句经》卷三十二

【品鉴】良禽择木而栖，智人择友而行。常在梅边走，身上留余香。与贤从善，与邪从恶。

三月桃花，九月菊花。

一春一秋，一放一收。

——《五灯全书》卷一百二十

【品鉴】春华秋实，各得其所；人间百态，各具其妙。

垂丝千尺，意在深潭。

——《五灯会元》卷五

【品鉴】苍鹰展翅，志在青天；大河奔流，志在东海。漫长的人生之路，真正的意义在于奉献。

风吹柳絮毛毬走，

雨打梨花映蝶飞。

——《五灯会元》卷五

【品鉴】风扬絮，雨惊蝶，万事皆有因，万物皆寓情。

抱璞投师，请师雕琢。

——《五灯会元》卷五

【品鉴】是玉须得巧匠雕琢，好苗还得人人爱护。人不具备一定的环境、条件，才干也难以得到充分发挥。

大海波浪涌，小人方寸深。

——《续传灯录》卷二十九

【品鉴】私心重的人总是思绪起伏不定，心意不为人知，患得患失，忧心忡忡。

雪压难摧涧底松，

风吹不动天边月。

——《续传灯录》卷二十九

【品鉴】松柏何惧雪压枝头，迎霜斗寒更显苍翠；风再大也吹不动天上的明月。打铁还需自身硬，意志坚定的人不怕任何艰难险阻。

一度著蛇咬，怕见断井索。

——《续传灯录》卷二十九

【品鉴】跌倒爬起来，整装再前行。人生不应受到一点挫折就畏缩不前。软弱的人遇到挫折就退缩，顽强的人遇到困难仍能锲而不舍。

扬子江头杨柳春，
杨花愁杀渡江人。
一声羌笛离亭晚，
君向潇湘我向秦。

——《续传灯录》卷二十九

【品鉴】渡口分手，长亭话别，各奔南北。正如物各有主，人各有志一样，应当尊重别人对人生的抉择。

有时孤峰顶上啸日眠云，
有时大洋海中翻波走浪。

——《续传灯录》卷二十九

【品鉴】勇于接受生活的挑战，才能创造光明的未来。

有理不在高声。

——《续传灯录》卷二十九

【品鉴】大声争吵的人未必就有理，这个道理人人明白，要做到却并不容易。为人处事应心平气和，得理时亦应让人。

如人吃饭饱则休。若也不饱必有思食之心，若也过饱又有伤心之患。

——《续传灯录》卷三十

【品鉴】办事应有适当的尺度，要留有余地。

我有明珠一颗，久被尘劳关锁。

一朝尘尽光生，照破山河万朵。

——《五灯全书》卷一百十八

【品鉴】是金子总会发光。人的真才实学终究不会被埋没，要能经得起时间的考验、生活的磨炼。

喜识尽时消息尽，

当人哪辨浊中清。

——《五灯会元》卷十三

【品鉴】有些事往往是旁观者清，当事者反而事中迷。能冷静客观地分析事物并非易事。

须向高高山顶立、深深海底行，方有些子气息。

——《五灯会元》卷十三

【品鉴】危难之时可以考验出一个人的精神。疾风知劲草，路遥识马力，只有大智大勇的人方能在生活的狂风恶浪中泰然处之。

梦幻空花何劳把捉，
得失是非一时放却。

——《续传灯录》卷三十一

【品鉴】凡事不应一味地空想，而应脚踏实地去干。摆脱了世俗的名利得失，平心静气地面对人生，才能体会到生活的无穷乐趣。

石压笋斜出，岸悬花倒生。

——《续传灯录》卷三十三

【品鉴】一路不通，他路可觅，世上没有绝人的路。常有绝处逢生、柳暗花明的境地，石下笋、岸边花就是绝好的例证。

欲行千里，上步为初。

——《五灯全书》卷三十四

【品鉴】千里之行始于足下，高楼百丈起于平地。要想有好的明天，就得从今天做起，从小事做起。

眼里著沙不得，耳里著水不得。

——《五灯会元》卷十三

【品鉴】眼里容不得沙子，耳里容不得水。做人来不得虚伪，科学来不得作假。

一念心清净，佛居魔王殿。

一念恶心生，魔王居佛殿。

——《五灯会元》卷十二

【品鉴】品德高尚的人，具有战胜邪恶的力量；卑鄙邪恶的人，内心充溢着罪恶，会给社会带来莫大的祸患。

担雪填井，傍若无人。

——《五灯会元》卷十二

【品鉴】以雪填井，融而无功；晴天打伞，白日点灯，用功不当。只有接受忠告，才能避免做徒劳无益的事情。

道　家

奔流小溪自有径，浩瀚天际总无形

非梧桐不止，非练实不食，非醴泉不饮。

——《庄子·秋水》

【品鉴】传说中有一种珍禽不是高大的梧桐树不栖息，不找到鲜美的嫩竹不食，不是甜酒那样的清泉不喝。具有高风亮节的人，也应像这种鸟一样始终保持自己独立的精神、高尚的人格，绝不欺世媚俗。

合抱之木，生于毫末；九层之台，起于累土；千里之行，始于足下。

——《老子·六十四章》

【品鉴】合抱的大树是从小苗长起的，九层的楼台是用泥土垒起的，千里行程是从脚下的第一步走出。凡事要从小事做起，才能干成大事，从今日开始走向美好的明天。

井蛙不可以语海者，拘于虚也；夏虫不可以语于冰者，笃于时也。

——《庄子·秋水》

【品鉴】井底之蛙不能理解大海的浩瀚，是由于受到生活空间的限制；生存于夏天的虫类也不会了解冰雪的世界，是因为被其生存时间所限制。人们的主观世界不能不受到客观环境的制约。

敦兮其若朴，旷兮其若谷。

——《老子·十五章》

【品鉴】敦厚得像未加改造的原始材料，宽阔得好似深广的山谷。做人也应有宽广的胸怀和敦厚朴实的品格。

乐杀人者，则不可得志于天下矣。

——《老子·三十一章》

【品鉴】喜用暴力的人，是不可能最终征服天下的。行暴政者必然会受到大家的唾弃。

民不畏威，则大威至矣！

——《老子·七十二章》

【品鉴】当人们不畏惧统治者的权威时，权贵们的灾难就要临头了。民心不可欺。

庖人虽不治庖，尸祝不越樽俎而代之矣。

——《庄子·逍遥游》

【品鉴】厨师如果不去下厨烧饭，主管祭神的人也不能代替他去做饭。各人有各人的职责，应各司其职。

且夫水之积也不厚，则其负大舟也无力。覆杯水于坳堂之上，则芥为之舟，置杯焉则胶，水浅而舟大也。

——《庄子·逍遥游》

【品鉴】水汇集得不深，就浮不起大船；倒一杯水于室内洼处，则一叶可以为船，放个杯子船就不能动了，这是因为水浅而船大。主观愿望必须与客观实际相符合。

窃钩者诛，窃国者为诸侯。

——《庄子·胠箧》

【品鉴】偷取小东西的人被镇压，盗窃国家权力的反而封侯拜相。这无疑是封建社会和专制制度的真实写照。

轻诺必寡信，多易必多难。

——《老子·六十三章》

【品鉴】轻易说出的承诺，往往不能使人信任；对事物看得过于简单，往往会遇到意想不到的困难。

人之道，损不足以奉有余。

——《老子·七十七章》

【品鉴】有的人往往去剥削本来已经贫困的人，而去供奉富有的人。这种人是势利而残酷的。

水善利万物而不争……夫唯不争，故无尤。

——《老子·八章》

【品鉴】水使万物生长却不计较得失，正由于不去争利，所以不显得突出，也不至于招来怨恨。水虽无色、无味，却是生命之源。

先日所用，今或弃之；今之所弃，后或用之。

——《列子·说符》

【品鉴】以前用过的东西，现在也许无用了；今天抛弃的东西，也许今后会需要它。办事不应目光短浅。

以隋侯之珠，弹千仞之雀，世必笑之。

——《庄子·让王》

【品鉴】用珍贵的隋侯之珠去击打高飞的麻雀，必然会受到人们的讥笑。对待事物要冷静、客观，不要小题大做。

鱼不可脱于渊，邦之利器不可以示人。

——《老子·三十六章》

【品鉴】鱼不能离开水，国家的机密不能泄露。人们不能忽视自己生存发展的基本条件。

直木先伐，甘井先竭。

——《庄子·山木》

【品鉴】挺直的树木先被砍伐，清甜的水井最早枯竭。人们总是优先选择最有益于自己的事物。

子子孙孙，无穷尽焉，而山不加增，何苦而不平？

——《列子·汤问》

【品鉴】愚公的子孙生生不息，但山却不再增高了，怎能说挖不平呢？愚公精神，万代传扬。

企者不立，跨者不行。

——《老子·二十四章》

【品鉴】用脚尖着地难以站稳，用跳跃的步履不能远行。

朝菌不知晦朔，蟪蛄不知春秋。

——《庄子·逍遥游》

【品鉴】朝生暮死的菌类，不知白天和黑夜的交替；夏生秋死的寒蝉，不知四季的变化。对客观事物的认识受制于环境。所知有限的人，眼界也不会开阔。

大方无隅，大器晚成，大音希声，大象无形。

——《老子·四十一章》

【品鉴】广大方正的事物，看不到边角；宏伟的事物，则非一朝而能完成。最精美的音乐绝不会嘈嘈杂杂，辽阔的物象则没有形状。在绚丽多姿的自然面前，我们的认识是十分有限的。

天下有始，以为天下母。

——《老子·五十二章》

【品鉴】自然界的万事万物都有它的起源，这就是事物产生的根本原因。考察事物，应善于溯本探源。

勇于敢则杀，勇于不敢则活。

——《老子·七十三章》

【品鉴】勇猛而一味蛮干就必然被置于死地，而将勇气贯注到柔顺、谦和之中就能生存、发展。在封建社会里，柔顺倒是保全自己的理性选择。

而彭祖乃今以久特闻，众人匹之，不亦悲乎！

——《庄子·逍遥游》

【品鉴】传说彭祖享年七百岁，以长寿闻名于后世，大家和他相比，难道不悲哀吗？生命有长短，岁月当自惜。

名者，实之宾也，吾将为宾乎？

——《庄子·逍遥游》

【品鉴】名声，是人这一主体派生出的次要东西，我难道要去追求次要的东西吗？人生最有价值的是自身的能力和智慧。

鹪鹩巢于深林，不过一枝；偃鼠饮河，不过满腹。

——《庄子·逍遥游》

【注释】偃鼠：即田鼠。

【品鉴】小鸟筑窝于树林之中，只占有一个枝头就足够了，田鼠到河边喝水，不过喝饱就行了。人之所需有限，贪得无厌则终无所益。

瞽者无以与文章之观，聋者无以与乎钟鼓之声。岂唯形骸有聋盲哉？

——《庄子·逍遥游》

【品鉴】盲人无法观赏有文采的东西，聋子也无法听到钟鼓的奏鸣。难道只有形体上的盲人和聋子吗？应当看到，人的认识水平受到时空和环境的限制，那些不切合实际的行动，是不会取得预期效果的。

之人也，物莫之伤，大浸稽天而不溺，大旱金石流，土山焦而不热。

——《庄子·逍遥游》

【品鉴】这样的人，没有什么事物可以伤害他。洪水不能淹没他，大旱之时，天气燥热，使金石熔解，土山焦灼，他仍然不感到酷热。在形体上人类难免化为泥土，但奋进不息的精神却可与日月同辉，与山河永存。

今子有五石之瓠，何不虑以为大樽，而浮于江湖，而忧其瓠落无所容？则夫子犹有蓬之心也夫！

——《庄子·逍遥游》

【注释】瓠（hù）：瓠子，草本植物，果实细长，呈圆筒形，可食，类似葫芦。

【品鉴】现在你有可容五石的大瓠，为什么不想着用它做成腰舟游渡于江湖，反而担心它平浅而没有用处？还是你自己见识浅薄罢了！对人而言，完全没有作用的东西恐怕是没有的。

　　今子有大树，患其无用，何不树之于无何有之乡？广莫之野，彷徨乎无为其侧，逍遥乎寝卧其下。不夭斤斧，物无害者，无所可用，安所困苦哉！

　　　　　　　　　　　　　　——《庄子·逍遥游》

　　【品鉴】现在你有这棵大树，认为它没有用处，为什么不把它栽种到什么都没有的地方？在广漠的原野里，人们可以悠闲地徘徊在树旁，自在地躺在树下。大树不会受到砍伐，也没有什么来伤害它，没有什么用处又怎么会受到损害呢！大树由于弯弯曲曲，不能成为材料而免受砍伐，人逢乱世而退隐田园，以避开是非之地。说他是消极厌世，其本意也是一种善念，保全了一个人所应具有的独立人格。

　　故为是举莛与楹，厉与西施，恢诡谲怪，道通为一。其分也，成也；其成也，毁也。

　　　　　　　　　　　　　　——《庄子·齐物论》

　　【注释】莛（tíng）：草茎，麦莛。楹（yíng）：堂前木柱。诡（guǐ）：变异。谲（jué）：奸诈。

　　【品鉴】比如小草和大柱、丑陋的人与美女西施，尽管自然生灵无奇不有，但都有其相闻、相通之处，在一个统一体中存在。用今天的观点看，事物皆由原子组成，分解后则组成新事物。当事物发展到一定程度就会走向其反面，被新事物取代。生命的变化周期、世态的变迁，也不能例外。

昭文之鼓琴也，师旷之枝策也；惠子之据梧也，三子之知几乎皆其盛者也。故载之末年。

——《庄子·齐物论》

【品鉴】善于弹琴的昭文，精通音乐的师旷，以雄辩著称的惠子，由于这三人的才智举世闻名，因此被记载下来。要想获得社会的赞誉，必须奉献于社会；要想获得智慧的果实，就必须辛勤耕耘。

且有大觉者而后知其大梦也，而愚者自以为觉，窃窃然知之。

——《庄子·齐物论》

【品鉴】智慧之人在梦醒之后能明白人生只不过像一场大梦，而愚笨之人往往自以为是清醒的和现实的。以梦喻人生，早已有之，理想与现实同样会有距离，但又何妨用自己的人生去努力缩短其距离呢？

不知周之梦为胡蝶与？胡蝶之梦为周与？周与胡蝶则

必有分矣。此之谓物化。

——《庄子·齐物论》

【品鉴】不知是庄子在梦中变成一只翩翩飞舞的蝴蝶呢，还是那蝴蝶在梦中成为了庄子。庄周和蝴蝶当然一定有区别。这种境界就被称为物我两忘，化而为一。但是，在现实生活中，思绪可以两忘，而梦与现实、我与物、真与假是不能混为一谈的。

指穷于为薪，火传也，不知其尽也。

——《庄子·齐物论》

【品鉴】灯火的原料不断，火苗就会成为永不熄灭的火种，没有穷尽。按自然规律生活，人们也就会生生不息、代代相传。

以火救火，以水救水，名之曰益多。

——《庄子·人间世》

【品鉴】用火上加火来救火，以水上泼水来救灾，可以称之为错上加错。在是非和矛盾面前也不要添枝加叶，传播流言，这样既不利于群体，也无益于个人。

无迁令，无劝成。

——《庄子·人间世》

【品鉴】不要随意改变法令、规则，不要勉强自己或别人去办事。做事不要不经思考，一日三变，使人无所适从。强人所难，于事无补。

汝不知夫螳螂乎？怒其臂以当车辙，不知其不胜任也，是其才之美者也。

——《庄子·人间世》

【品鉴】你不了解那螳螂吗？它奋起臂膀去阻挡前进的大车，不知道自己力量的大小，这是自视其完美有力啊！过高地估量自己，去做办不到的事，如螳臂当车，其结局只会是可悲的。

散木也，以为舟则沉，以为棺椁则速腐，以为器则速毁，以为门户则液樠，以为柱则蠹，是不材之木也。无所可用，故能若是之寿。

——《庄子·人间世》

【注释】液樠（mán）：树脂溢出。樠：木名。

【品鉴】这是没有用处的木料，做成船就会沉没，做成外棺很快就腐朽了，做成用具很快就会毁坏，做成屋门会不断渗出树脂而变形，做成立柱会被虫蛀，是一棵不成材的树木。由于一无所用，所以才能一直活到现在。庄子无用方以存活的思想，是具有深刻思想内涵的。

故未终其天年而中道之夭于斧斤，此材之患也。

——《庄子·人间世》

【品鉴】在刚长成的时候就被刀斧砍伐掉而不能生长到老，这是树木的灾难。英年早逝，也是人生的一大灾难，对家庭、事业来说都是不幸的。懂一点保护自己、爱护自己的方法，又何尝不是对社会、对家庭多付出一份爱之心呢？

人莫鉴于流水，而鉴于止水，唯止能止众止。

——《庄子·德充符》

【品鉴】人不能在流水中照见面目，只能在静止的水面照见，静止的事物才能使其他事物也相对静止。湍急的水面不养鱼，动荡的流水不停船。心浮气躁，难于深入；意乱神迷，难于志坚。

吾唯不知务而轻用吾身，吾是以亡足。今吾来也，犹有尊足者存，吾是以务全之也。夫天无不覆，地无不载，吾以夫子为天地，安知夫子之犹若是也。

——《庄子·德充符》

【品鉴】我只是不知道世理而随便伤害了自己，所以被砍掉了脚趾。现在我到这里，还有比双脚更重要的人格修养，我一定要维护它。没有蓝天不覆盖的事物，没有大地不承载的东西，我以为您有天地一样的胸怀，哪知您竟是以貌相取的人。庄子假托断趾人，指责孔子的这段话，意在表明儒家对问题和事物所持观点的浅薄，以及道家视人与天地万物同一的胸襟和气度。

天刑之，安可解！

——《庄子·德充符》

【品鉴】自然界有平衡法则，人也有社会行为准则，违反了这些规则就要受到惩罚。与自然和社会发展规律相对抗的人和事，必然摆脱不掉被抛弃的命运。

彼方且与造物者为人，而游乎天地之一气。彼以生为附赘县疣，以死为决疚溃痈。夫若然者，又恶知死生先后之所在？假于异物，托于同体；忘其肝胆，遗其耳目。反复终始，不知端倪，芒然仿徨乎尘垢之外，逍遥乎无为之业。

——《庄子·大宗师》

【品鉴】他们正与大自然融为一体，而浮游于天地中的自然气息中。他们把生命视为人体长出的瘤子，把死亡当成毒疮溃烂后的脓血流出。这样的人，又怎会在乎生或死的先后和地点？凭借着各种物质，构成了一个与自然融合的身躯；似没有肝胆，即七情六欲，又似没有听觉与视觉，即外在的声音、形象。不断往复，不知起始，茫然于世俗的生存之外，无拘无束地漫游在并不着意作为于事物的境界中。在五光十色的生活中，人也不妨超脱一些。

鱼相造乎水，人相造乎道。相造乎水者，穿池而养给；相造乎道者，无事而生定。

——《庄子·大宗师》

　　【品鉴】鱼争相投往水里，人争相修行于道业。投水的鱼，挖一池就可以养育；修行于道的人，心中无世俗之事便能平静安定下来。要想在事业上有所建树的人，必须是能够排除琐事的干扰而专心致志的人，否则难以有成。

　　且汝梦为鸟而厉乎天，梦为鱼而没于渊。不识今之言者，其觉者乎？其梦者乎？造适不及笑，献笑不及排，安排而去化，乃入于寥天一。

——《庄子·大宗师》

　　【品鉴】如果你在梦中变成小鸟直飞云天，变成鱼儿便纵身于深渊。不知我们今天讲话的人，是清醒的人，还是梦中的鸟或鱼呢？心情欢愉却不表现为笑容，表现出笑意又未排遣胸中的郁结，排遣了郁结之气而且进入了忘我的心境，这样就达到了寥廓清澄的自然空间，与自然化为一体。

　　夫无庄之失其美，据梁之失其力，黄帝之亡其知，皆在炉捶之间耳。

——《庄子·大宗师》

　　【品鉴】美女无庄不显示美貌，勇士据梁不显示力量，黄帝追寻自然的本源不以智慧者自诩。追求道德和智慧的过程，好比钢铁在熔炉里反复锻造一样。路是人走出来的，思想道德的培养也要靠长期的学习和努力。

且鸟高飞，以避矰弋；鼷鼠深穴乎神丘之下，以避熏凿之患。

——《庄子·应帝王》

【注释】矰（zēng）弋：带有丝带的短箭。

【品鉴】鸟儿高翔，可以躲避短箭的伤害；田鼠置身于深深的洞穴中，可以避免受到烟熏、挖掘的攻击。动物出于本性尚知道保护自己，人也应爱惜自己的身体，为社会多做工作。

彼人含其明，则天下不铄矣；人含其聪，则天下不累矣；人含其知，则天下不惑矣；人含其德，则天下不僻矣。

——《庄子·胠箧》

【注释】铄（shuò）：熔化，损耗。

【品鉴】人们都具有明察的眼光，那么天下就不会混乱；人人都有分辨传闻的能力，那么天下就不会有人为的祸患；人们都保持着纯真的良知，那么天下就不会有所迷惑；人人都保持做人的基本道德，世上也就不会出现丑行和邪恶。

金石不得，无以鸣。故金石有声，不考不鸣。

——《庄子·天地》

【品鉴】金属和石料制成的钟、磬等器皿，没有外力的撞击，就不会鸣响。所以钟、磬等可以发声的东西，不敲打也不会发声。种子必须要有一定的湿度和温度才能发芽，好的树苗没有良好的生长环境，也不能成材。

本在于上，末在于下。

——《庄子·天道》

【品鉴】树根是重要的，树梢是次要的。做事要注意重要和次要的轻重关系，考虑问题也要善于发现和解决关键问题。

君先而臣从，父先而子从，兄先而弟从，长先而少从，男先而女从，夫先而妇从。

——《庄子·天道》

【品鉴】领袖做表率，那么属下就会随从；父辈做榜样，子女就会效仿；兄长怎样做，兄弟也会跟着学；长者先做，年少者随后；男子先做，女子随后；丈夫在前，妻子跟随在后。好比春在前，夏必随后一样。如果认为这表现了尊卑关系，那么当然与庄子的一贯"同一"思想相违背；如果理解为这揭示了世俗社会的一般规则，即"尊卑先后"是天地之间最常见的行为，那么与道家的思想并无相悖之处，因为庄子所谓的"无为""逍遥"思想是针对世俗的"有为"和尊卑有序、功名利禄而言的。

水之性，不杂则清，莫动则平；郁闭而不流，亦不能清。

——《庄子·刻意》

【品鉴】水的性质是：不混以杂物就清澈，不搅动就平静；阻塞就不流淌，也就不能清纯了。思想混乱就难以平静下来，心神不定的人很难在事业上有所成就。

褚小者不可以怀大，绠短者不可以汲深。

——《庄子·至乐》

【注释】褚（zhǔ）：口袋。绠（gěng）：吊水桶上的绳子。

【品鉴】小口袋不能容纳大东西，吊水桶上的绳子短，就不能提取深井里的水。办事要从实际出发，人常说的看菜吃饭、量体裁衣，即同于此理。

鸟兽不厌高，鱼鳖不厌深。

——《庄子·庚桑楚》

【品鉴】飞鸟走兽不厌山高林密，大鱼老鳖不厌水域深广。志怀高远的人，敢于迎接生活的挑战。

青青之麦，生于陵陂。生不布施，死何含珠为？

——《庄子·外物》

【注释】陂（bēi）：坡，丘。

【品鉴】青青的麦苗长在山坡。活着的时候不接济、帮助别人，死了为何口里还要含珠宝呢？这句诗用青苗起兴，对那些生前贪婪、死后"厚葬"的人，表现出轻蔑和鄙视。

人皆求福，己独曲全，曰："苟免于咎。"

——《庄子·天下》

【品鉴】人们都祈求福分，自己却委曲以求保全，认为只要能避免灾难就很好了。生活中总是有顺境和逆境的，只想求顺利，却忘了挫折也是人生最重要的组成部分。能在逆境中自强不息才是可贵的。

道德篇

佛　家

积善之家有余庆，作恶终会遭天谴

存心乎善则善类应之，存心乎恶则恶类应之。

——《镡津文集》卷六

【品鉴】常言道：物以类聚，人以群分。为人若善良诚实、正直坦荡，那么与之相同的人就会接近他。反之，错误、丑恶的东西就会向他靠拢。

永离一切轻毁之心。

——《大方广入如来智德不思议经》

【品鉴】永远不要轻视他人，亦不可有害人之心。要培养爱人、助人的品德。

父母恩重，至心孝养犹不能报，何况弃舍违逆教命。是名世间最大劫贼。

——《大萨遮尼乾子所说经》卷四

【品鉴】父母养育子女，含辛茹苦，恩重如山，儿女自应倾心相报。如果在他们困难的时候，反而弃之不顾，这样的人是最没有人性的。

住忍辱地，柔和善顺，而不卒暴，心亦不惊。

——《妙法莲华经》卷五

【品鉴】处事为人，要宽厚和善，避免粗暴的举止，自己也会心情平静而无所忧惧。要倡导文明礼貌的社会风尚。

善恶两途，由人所趋，为善获吉，为恶获凶。

——《御制大乘妙法莲华经序》

【品鉴】做一个正直的人还是做一个邪恶的人，是自己可以选择的。为善者，终有善报；为恶者，终食恶果。

夫道也者神用之本也；师也者，教诲之本也；父母也者，形生之本也；是三本者天下之大本也。

——《镡津文集卷三·孝论》

【品鉴】真理是人生精神追求的根本，老师是人一生受教育的根本，父母是人的生命的本源。此三者可说是天下最大的根本了。

视人之亲犹己亲也。

——《镡津文集卷三·孝论》

【品鉴】对待别人的亲人要像对待自己的亲人一样。如果每个人都努力这样做，世界将变得更加美好。

孝出于善，而人皆有善心。

——《镡津文集卷三·孝论》

【品鉴】人人心中都有善良的一面，对父母的孝敬之心即源于此。

盖闻积善之家必有余庆，积不善之家必有余殃。

——《广弘明集》卷十八

【品鉴】多做好事的人家必然吉祥如意，受到人们的敬爱；经常为恶的人家必会招致祸殃，受到社会的惩罚。

夫善恶生于天理。是非由乎人心。因天理以施教，顺人心以成务。

——《广弘明集》卷十八

【品鉴】公理存乎大众心中，是非自有公论，教导他人亦要坚持真理。只要顺应天理人心，事业就能成功。

夫减情去欲则道心明真。

——《弘明集》卷八

【品鉴】只有克制自己的情感，去除过分的欲望，才能无私无畏地追寻真理。心底无私天地宽。

无懈怠心。无乱意心。无邪智心。

——《光赞经》卷一

【品鉴】要加强自己思想道德的修养，努力上进不松懈，去除私心与邪念。这不是一朝一夕的事，要长期坚持。

善恶二根，皆因心有。

——《五灯会元》卷二

【品鉴】善良和邪恶的行为都是受人的思想支配的。

居孝事父母，治家养妻子。

——《法句经》卷三十九

【品鉴】孝敬父母，养育妻儿，是自己对家庭应尽的责任。

莫学小道，以信邪念，莫习放荡，令增欲意。

——《法华经》卷上

【品鉴】人应坚持真理，不受异端邪说的影响，不放纵自身，以免滋长贪欲之心。

不念邪淫远离于色。初无欺诈谤谇于人。所说忠信，受人善谏，心不迷荒。见诸耆年恒念尊敬。所游之方加以仁心。

——《十信断结经》卷二

【品鉴】不要沉溺于美色，不存欺诈害人之心。为人要正派、诚实，有宽厚之心。对长者要尊重，善于汲取前人的有益经验。对所遇之事以善心相待。

慈母鞠养恩，尽寿报罔极。
如牛失其犊，悲呼忘眠食。

——《佛所行赞》卷一

【品鉴】慈母的养育之恩，子女是终身报答不尽的。丢失了小牛的母牛，会悲伤得睡不着、吃不下。

履仁行慈，博爱济众，福常随身，卧安觉安，不见恶梦。

——《法句譬喻经·慈仁品第七》

【品鉴】爱人者，人恒爱之。与人为善，乐于助人，自己也会平安快乐。

夫士之生，斧在口中，所以斩身，由其恶言。

——《法句譬喻经·言语品第八》

【品鉴】人生如常言：祸自口中出，恶语最伤人。良言一句三冬暖，恶语伤人六月寒。

道　家

仁德纯朴身受益，巧取诈行必成灾

大小多少，报怨以德。

——《老子·四十五章》

【品鉴】事物尽管千姿百态，大小不一，总是由一定的数量、质量构成的。对人对事不应当斤斤计较，患得患失，而应宽容人。

举世誉之而不加劝，举世非之而不加沮。

——《庄子·逍遥游》

【品鉴】面对所有人的赞誉也不为之所动，面对所有人的指责也不沮丧、灰心。勇于坚持真理和正义的人，是不会因众人的毁誉而动摇信念的。

道者，万物之注也，善人之宝，不善人之所保。

——《老子·六十二章》

【品鉴】法则、规律是万物都须遵守的，是善良人的财富，也宽容着那些不善良的人。社会复杂，鱼龙混杂，正所谓林子大了什么鸟都有。

圣人方而不割，廉而不刿，直而不肆，光而不耀。
——《老子·五十八章》

【品鉴】圣人讲原则但不害人，有个性但不伤人，刚直但不过分，光彩照人但不掩盖他人。心中常有他人，大家也会敬重他。

信不足，有不信。
——《老子·十七章》

【品鉴】不具备诚实和信义，就自然会失去大家的信任。领导者应当取信于民。

信者，吾信之；不信者，吾亦信之；德信。
——《老子·四十九章》

【品鉴】对于有信义的人，我信任他；对于没有信义的人，我也常常相信他，这样就能促使人们都具有诚实的品德。

人而无义，唯食而已，是鸡狗也。
——《列子·说符》

【品鉴】做人不顾道义，只会吃喝，那和鸡、狗之类也没有什么区别。人要有理想和追求，舍此而活着，无异于行尸走肉。

为鸡狗禽兽矣，而欲人之尊己，不可得也。
——《列子·说符》
【品鉴】像动物一样只为吃喝而争斗，没有道德的人想让别人尊重自己，是不可能的。

善之与恶，相去何若？
——《老子·二十章》
【品鉴】善良与凶恶，相差又在哪里？真理与谬误有时只有一步之遥。

夫礼者，忠信之薄，而乱之首也。
——《老子·三十八章》
【品鉴】对于礼法来说，忠诚和信义的丧失，往往是动乱开始的前奏。事物往往是相辅相生的。

重积德，则无不克。
——《老子·五十九章》

【品鉴】不断积累和发扬优秀的历史文化传统，形成良好的社会风尚，就可以战胜一切对手。有了意气风发的精神面貌，认真学习一切先进的科学技术、思想文化，就一定能自立于世界民族之林，为人类的进步事业做出更大的贡献。

天将救之，以慈卫之。

——《老子·六十七章》

【品鉴】如果说有自然的法则在救护着什么，那么就一定要使它具有温柔、仁慈的特性。暴虐不能长久，个人、家庭和社会都只有在互相帮助、互相爱护的氛围中才能不断发展、进步。

德荡乎名，知出乎争。

——《庄子·人间世》

【品鉴】品德人格的荡然无存，就在于追求名声，智谋的表现往往是争权夺利。庄周对封建专制和强权下的名声、谋略都采取了否定的态度。

是以夫事其亲者，有择地而安之，孝之至也。

——《庄子·人间世》

【品鉴】侍奉父母之心并不因为条件环境而改变，这才是最好的孝敬。连父母都不敬爱的人怎么会热爱他人，关心集体，奉献社会呢？

今子与我游于形骸之内，而子索我于形骸之外，不亦过乎！

——《庄子·德充符》

【品鉴】现在你与我共同探讨人生的修养，但你却以外在的形态来评价我，这难道不是错误的吗？世人往往以貌取人。美好的形象固然可以取悦于人，但如果没有美好、善良的心灵，那么这样的人也不会为大众所欢迎。

故乐通物，非圣人也；有亲，非仁也；天时，非贤也；利害不通，非君子也；行名失己，非士也；亡身不真，非役人也。

——《庄子·大宗师》

【品鉴】喜欢得到别人的赞扬或物质利益的人，不是真正有道德的人；有偏爱的人，不是真正的宽厚仁慈者；利用机会的人，不是贤达的人；不懂得利与害相互转化的人，不是有修养的人；名声与才能不相符的人，不是真有才干的人；在世俗利益中，失去人的善良本性的人，也就不能引导和教化别人。

善妖善老，善始善终，人犹效之，又况万物之所系而一化之所待乎！

——《庄子·大宗师》

【品鉴】对小与老、生与灭都要有平静达观的认识，人都应效法自然，对自然万物所依据的根本法则，更应遵循。正确地看待生死，善待老弱幼小并不是一件轻而易举的事，应不断地提高自己的认识水平。

泰氏，其卧徐徐，其觉于于，一以己为马，一以己为牛。其知情信，其德甚真，而未始入于非人。

——《庄子·应帝王》

【品鉴】伏羲氏睡觉时舒缓、松弛，醒来时神情自若，任别人把他当作牛马。他的智慧情态可信自然，品德高尚真诚，而且已脱离了世俗的观念，进入了与自然相融合的状态。心胸坦荡的人，不应计较别人的评说议论。

吾所谓臧者，非仁义之谓也，臧于其德而已矣；吾所谓臧者，非所谓仁义之谓也，任其性命之情而已矣。

——《庄子·骈拇》

【注释】臧（zāng）：善，好。

【品鉴】我所认为的善，不是仁爱道义，是具有善良的品德；我所认为的美好，并不是所谓的仁爱道义之类的东西，而只是能够顺应人的自然本性罢了。保持人纯朴的本性，并不是一件容易办到的事。生存在一定社会环境中的人，是注定要带着他所处历史时代的烙印的。

同乎无知，其德不离；同乎无欲，是谓素朴。素朴而民性得矣。

——《庄子·马蹄》

【品鉴】大家都没有"智慧"，人原有的道德就不会丧失；人人都没有贪欲，这就叫作"朴素"。有生丝和原木般的自然本色，人也就保留了本性。如果世上的每个人都不去算计别人，社会风气、道德水准会大大提高；如果人人都真诚善良，这个世界将变得更美好。

争归于利，不可止也。

——《庄子·马蹄》

【品鉴】大家都去追逐私利，贪婪之风是难以制止的。以私利去引导人们，损人利己的恶习就会泛滥成灾，从而危害社会。

于是乎喜怒相疑，愚知相欺，善否相非，诞信相讥，而天下衰矣。

——《庄子·在宥》

【品鉴】以自己的喜怒相互猜测，愚者和智者之间相互欺诈，善与恶之间相互非难，虚妄和真诚相互讥讽，这样社会就日渐衰败。

不荣通，不丑穷；不拘一世之利以为己私分，不以王天下为己处显。

——《庄子·天地》

【品鉴】不把官运亨通看作荣耀，不把贫穷当作羞耻，不把得到世间的利益作为自己的本分，不把统治天下看成是地位显要。能够具有如此豁达的心胸，是需要长期的个人修养和生活磨砺的。

无耻者富，多信者显。

——《庄子·盗跖》

【品鉴】无耻的人才能富有，善于逢迎的人才能显贵。这正是封建社会的写照。

律己篇

佛　家

忍辱持律堪大任，除欲灭贪天地宽

令生无畏心，忍辱最第一。
能行忍辱者，见者皆欢喜。

——《大萨遮尼乾子所说经》卷二

【品鉴】能够忍辱负重、克己奉公的人，才能委以重任，得到大家的信任。

贪爱所缠缚，谄曲坏正行。
疑惑障慧眼，流转诸邪道。

——《大方广佛华严经》卷四十六

【品鉴】要克服自己的私欲，不曲意逢迎邪恶，清白正直，察奸辨恶，始终保持清醒的头脑，才不会走上邪路。

正念为宝器，然彼耀世灯。

——《大方广佛华严经》卷五十九

【品鉴】正确的思想和人生信念，是照亮人生航程的灯塔。

深心贪著，多有忧悲。

————《大方广佛华严经》卷二十四

【品鉴】贪心的人永远不会得到满足，在名利面前处处伸手的人，总有无尽的忧愁和烦恼。

宁舍身命，不加恶于人。

————《大方广佛华严经》卷十一

【品鉴】宁可牺牲自己，也不做有害他人的事。

得辩才无穷尽。常乐闻无厌足。离我慢诸放逸。能兼利一切众。能处生死无忧戚。

————《大方广佛华严经》卷六

【品鉴】人生在世要努力学习，匡扶正义；坚持真理，永不停止；严于律己，心怀大众。这样才能处世不乱，遇事不惊。

心常慈忍离恼害，拯济危难无救者。

————《大方广佛华严经》卷七

【品鉴】要怀有宽厚仁慈之心，真诚帮助孤立无援的人们。佛教倡导慈悲为怀，普救众生，其中所包含的就是人类不断追求的平等、友爱、互助的精神。

眼根清净不观恶色，耳根清净不闻恶声。

——《佛母出生三法藏般若波罗蜜多经》卷二十一

【品鉴】不阅读、不观看思想情调低下的东西，不听取对社会和人生无益的言谈，努力地保持思想上的纯洁与正直。

缘斯放逸行，即堕蟒蛇中。

——《佛所行赞经》卷三

【品鉴】随着自己的意愿，为私利而放纵自己，就好比置身于毒蛇猛兽中难以自拔，最终害了自身。

见色心迷惑，不惟观无常。
以淫乐自裹，譬如蚕作茧。

——《法句经》卷三十

【品鉴】为美色所迷惑的人，好似在不断地葬送自己；为色欲所控制的人，好比作茧自缚。世人皆知此，自制有几人？

贪欲著世间，忧患日夜长。

——《法句经》卷三十二

【品鉴】人若放纵自己贪求金钱、财富的欲望，那么日日夜夜都会为其所扰，难以得到安宁。

人为恩爱惑，不能舍情欲，如果忧爱多，潺潺盈于池。

——《法句经》卷三十二

【品鉴】人生如果仅仅沉醉在一己之爱当中，不以事业为重，那么忧愁和爱欲会像细流渐渐地充满池塘一般越积越多，以致沉湎于此而不思进取。

常念布施，常念净戒。自调自检，不娆众生。

——《放光般若经》卷一

【品鉴】人生在世要能够扶弱济贫，不存邪念，不为恶行，检查自己，反省其身，不妨害他人。

不得废坏器用不赔偿。不得挑唆斗争。莫开两舌口，须戒无益言。

——《百丈清规证义记》卷七·下

【品鉴】损坏别人的东西要赔偿；不要与人相互争吵不休；说话要和气，不说不利于社会和大众的话。此虽为禅门戒律，凡人亦应引以为戒。

不得欺心，不得贪财，不得使奸，
不得用谋，不得惹祸，不得侈费。

——《百丈清规证义记》卷七·下

【品鉴】与人相处不做违心之事，不要贪图财富，不能奸诈对人，算计别人，不能搬弄是非，浪费钱粮。能这样做事的人，无疑是值得尊敬、珍惜的。

观欲如火譬如怨家，说欲之恶志常秽之。

——《放光般若经》卷一

【品鉴】对待利己主义和私心要像对待敌人一般，洁身自律，是非分明。要反对损人利己的行为，永远保持清醒的头脑。

意常思念欲乐得闻终不远离。

——《放光般若经》卷十一

【品鉴】不经常反省自己，清除杂念和贪图享乐的想法，那么这种错误的东西就会经常影响和干扰自身的进步。

无嫉慢意，无乱怠意，无羞恨意，无起恶意，不起恶智意也。

——《放光般若经》卷一

【品鉴】处世待人，不要傲慢、嫉妒、怨恨，不要有伤害别人的想法，这样做就会使自己成为一个有道德修养、心境澄明的人。

不受不读不诵不说正忆念。今世得，如是功德。

——《摩诃般若波罗蜜经》卷九

【品鉴】不阅读内容不好的书籍，不讲不利于社会和大家的话，不接受错误的认识和看法，这样做对社会和自己都有益。分辨能力的高低，反映出认识水平的高低。

远离懈倦，心如大海。

——《佛说罗摩伽经》卷上

【品鉴】在学习和追求真理的征程上不要停止，要像大海一样容纳百川，永不自满，才能有所成就。

远离于我无恼害。

——《大方广佛华严经》卷二十

【品鉴】要经常注意除去私心杂念，这样邪气就不会侵身。

己所施惠终不为己，普及众生亦无所恡。

——《最胜问菩萨十住除垢断结经》卷一

【品鉴】帮助别人，一生都立志做有益于大众的事情，要不断地长期坚持下去，不计较个人的得失。

生安隐心，为令他住不恶口心故；起安慰心，有言不恶口心者，谓作言语摄取众生故。

——《信力入印法门经》卷二

【品鉴】注意身心的修养，保持良好的心理状况，心口如一，表里一致，说话要注意有利于大众。

贪心如野火，炽然不知足。

——《大萨遮尼乾子所说经》卷六

【品鉴】贪婪之心永无满足之时，就会像熊熊燃烧的野火一样毁掉一切美好的东西。贪念多一分，善心少一分。

饮酒多放逸，现世常遇痴。

——《大萨遮尼乾子所说经》卷五

【品鉴】饮酒无节制，伤身又误事。

有言精进者，所谓满足诸善法故，远离一切不善法故。

——《信力入印法门经》卷三

【品鉴】要勤奋不懈，努力上进，追求真理。抛弃一切不符合社会进步要求的邪恶思想。

起安慰心，有言忍辱柔和者，所谓为他恶口骂辱诸不善语毁谤说时不生瞋恨心故。

——《信力入印法门经》卷三

【品鉴】要有博大的胸怀，培养并形成自己的气度，能够不计较别人语言上的不文明，息事宁人。

有言降伏悭嫉心者，谓能舍一切内外物故。

——《信力入印法门经》卷三

【品鉴】人常讲：嫉妒是衡量爱情的敏感天平，也是毁灭情义的魔杖，会把美好的东西打得粉碎。能去掉吝啬和嫉妒之心的人，才能达到物我两忘的崇高境界。

有所建立而不自大。

——《度世品经》卷一

【品鉴】即使事业有一定成就，也不要自高自大。在名誉面前，越是谦虚谨慎就越受人敬重。

若得奉敬不怀自大。

——《度世品经》卷一

【品鉴】听到赞扬的时候，要力戒骄傲。

我若不除，永缠邪见。

——《五灯会元》卷一

【品鉴】如果私心很重，那么就难以摆脱私欲不能满足的烦恼。无私才能无畏。

若也于己无事，则勿妄求。妄求而得亦非得也。

——《五灯会元》卷七

【品鉴】不是自己的东西，不要想据为己有；如果用不正当的方法取得，终究也是会丧失的。财富是社会的，谁都带不去。

欢喜爱重，勤修不倦。

——《大方广佛华严经》卷一

【品鉴】保持达观的人生态度，自爱自重，勤修其身，乐此不疲。

道　家

拥金聚宝心不富，舍物施财福满堂

多藏必厚亡。

——《老子·四十四章》

【品鉴】居高者风大，坡陡则易滑。人如果把财富看得太重，反而会招致重大的损失。富贵者应引以为戒。

果而勿矜，果而勿伐，果而勿骄，果而不得已，果而勿强。

——《老子·三十章》

【品鉴】有了成就不要矜持自夸，愿望实现了不要炫耀，目的达到了不要骄傲自满，战胜对手切莫逞强斗狠。须知得与失往往是相互转化的。

善建者不拔，善抱者不脱。

——《老子·五十四章》

【品鉴】能够建立功绩的人，不会半途而废，能够坚守信念的人，不会放弃追求。要成功，就要有坚强的意志。

善战者不怒，善胜敌者不与，善用人者为之下。

——《老子·六十八章》

【品鉴】善于作战的人，能保持清醒的头脑而不易被激怒；能战胜强敌的人，不逞一时之勇；善于用人的人，态度十分谦虚。为人处事应以理性为指导。

慎终如始，则无败事。

——《老子·六十四章》

【品鉴】自始至终保持谨慎的态度，这样办事不会失利。凡事贵在坚持，难在始终如一。

善人者，不善人之师；不善人者，善人之资。

——《老子·二十七章》

【品鉴】善良的人应是不善良人的老师，不善良人的行为也可以使善良的人引以为戒。要善于从正反两方面去学习。

圣人自知不自现，自爱不自贵。

——《老子·七十二章》

【品鉴】有才能的人能正确地认识自己，不自以为是，爱惜自己却不自命不凡。人难在有平常心，贵在有自知之明。

坦然而善谋。

——《老子·七十三章》

【品鉴】人应具有宽阔的胸襟并且要善于思考。坦荡使人爽朗，多思使人聪慧。

知人者智，自知者明；胜人者有力，自胜者强。

——《老子·三十三章》

【品鉴】了解别人的人是智者，认识自己的人明智；能取胜于人则有力量，能自我克制的人强大。

自见者不明，自是者不彰，自伐者无功，自矜者不长。

——《老子·二十四章》

【品鉴】自持己见者不明智，自以为是者不显扬，自我放纵者不会成功，骄傲自满者不会长久保持优势。永不自满才能立于不败之地。

功成而弗居。夫唯不居，是以不去。

——《老子·二章》

【品鉴】有了成就，但不居功自傲。正因为如此，才使成就长存于世。"满招损，谦受益"，人人都应懂得这一人生道理。

是以圣人后其身而身先，外其身而身存。

——《老子·七章》

【品鉴】圣明者先人后己，这样反而会被推举在前，在危难时把自身置之度外，却最终保全了自己。大公无私者，才会得到大众的拥戴。

金玉满堂，莫之能守。富贵而骄，自遗其咎。

——《老子·九章》

【品鉴】即使满屋子金银财宝，也总有耗尽之时。富贵者骄奢淫逸，就会给自己种下祸根。房产千幢，身需不过八尺；良田万顷，日进不过一升。财富再多也是身外之物。

知足不辱，知止不殆，可以长久。

——《老子·四十四章》

【品鉴】知足者不会因为贪婪而遭受侮辱，做任何事不可过分，适可而止，这样才能持久。

圣人无常心，以百姓之心为心。

——《老子·四十九章》

【品鉴】德才兼备的人没有利己之心，以人民的利益为重，心怀天下，所以才能得到人民的拥戴。

圣人不积，既以为人，己愈有；既以与人，己愈多。

——《老子·八十一章》

【品鉴】品德高尚的人不积聚任何东西，帮助别人越多，自己就越充实；给予他人越多，得到的收获就越多。有与无、多与少原本是相因相生的，况人本身是社会的，对社会有所奉献的人，人们自然会敬重他。

自彼则不是，自知则知之。

——《庄子·齐物论》

【品鉴】不能认识自己以及事物的另一面是不正确的。在肯定自己的同时，也应该否定自己；即既看到正面与长处，又能看到反面和短处，这样的人头脑清醒，内心充实。

辩也者，有不见也。

——《庄子·齐物论》

【品鉴】对问题争论不休，互不相让，往往是各自都有认识上的局限。盲人摸象，各执己见，正是反映了这种片面性的认识。

古之至人，先存诸己而后存诸人。

——《庄子·人间世》

【品鉴】修养极高的古人，首先是能使自己生存并发展，然后才可能去帮助别人。人们首先应当从自己做起，将自己的事办好，大家的事也就不难办好。

名实者，圣人之所不能胜也，而况若乎！

——《庄子·人间世》

【品鉴】对于名利，即使品德高尚、才智过人的人也往往不能超脱，更何况像你这样的普通人呢？在当今的社会生活中，少一分贪欲，会多一点宁静。宁静方能致远。

自事其心者，哀乐不易施乎前，知其不可奈何而安之若命，德之至也。

——《庄子·人间世》

【品鉴】注意自己心理的调节，喜与愁都不会为之所动，面对现实生活的贫困也能处之泰然，这样的人是品德修养最好的人。在困境中能努力奋进，对待物质生活能有一颗平常心，这是难能可贵的。

美成在久，恶成不及改，可不慎与！

——《庄子·人间世》

【品鉴】玉成一件好事要经过很长时间的努力，而错事一旦酿成，悔恨也来不及了。因此，办事怎么能不慎重呢？人生数十年，要想不做错事并不是容易办到的。

夫保始之征，不惧之实，勇士一人，雄入于九军。

——《庄子·德充符》

【品鉴】要保持自己的本性，要有无所畏惧的精神，真正的勇士即使孤身一人，也能冲入百万军中。保持平衡、稳定的心态，具有自己独特的个性，不屈从于外界的压力，是道家思想中可贵的一面。

夫小惑易方，大惑易性。

——《庄子·骈拇》

【品鉴】对小问题上的疑惑，会使人改变认识和初衷，而对大问题的迷惑，会使人的本性发生变化。做人小事可以不计较，大事千万不能马虎。"一失足成千古恨""覆水难收"，都蕴含着这个道理。

吾所谓聪者，非谓其闻彼也，自闻而已矣。

——《庄子·骈拇》

【品鉴】我所认为的善听的人，不是善于领会别人的意图，而是能够自省、自律的人。与人交往要真心相待，善解人意，而见风使舵则会流于圆滑。

无视无听，抱神以静，形将自正。

——《庄子·在宥》

【品鉴】不听不看，守神静坐，身心会与自然相通。在生活中，不该看的不要去看，不该知道的也不要去打听。把自己分内的事做好，于人于己都会有利。

世俗之人，皆喜人之同乎己而恶人之异于己也。同于己而不欲之，异于己而不欲者，以出乎众为心也。夫以出乎众为心者，曷常出乎众哉？因众以宁所闻，不如众技众矣。

——《庄子·在宥》

【品鉴】世俗之人都喜欢别人与自己的认识相同，讨厌别人与自己不一样。希望和自己一致，不希望与自己不同，在内心里都想高出他人。然而，那心中只想超出别人的人，又怎能真的超出常人呢？顺应大家的意愿就能宁静安定，而个人的见识却不如众人合在一起的技艺与智慧高超。人人都有认同感，但以个人好恶去取舍事物，往往会失之偏颇。个人的本领再大，也有局限，群策群力，发挥集体的智慧才能战胜困难，成就事业。

藏金于山，藏珠于渊；不利货财，不近贵富。

——《庄子·天地》

【品鉴】弃置黄金于山中，抛舍珠宝于深渊；不贪图财物金钱，不追求荣华富贵。不贪图金钱的人，往往能够随遇而安，善以待人。

功利机巧，必忘夫人之心。若夫人者，非其志不久，非其心不为。

——《庄子·天地》

【品鉴】功名、利禄、机遇、技巧，都不放在心中，像这样的人，不会去做违背自己心愿的事。把名利看得过重，则会背上沉重的心理负担；违心地做事，难以有成就。

知其愚者，非大愚也；知其惑者，非大惑也。大惑者，终身不解；大愚者，终身不灵。

——《庄子·天地》

【品鉴】明白自己的愚笨之处，就不算是大的愚蠢；了解自己的疑惑之处，也不算是大的疑惑。最糊涂的人，一生都不会了解和认识自己；最愚蠢的人，一世都不会醒悟。能认识到自己不足的人，是清醒的人。保持清醒冷静的头脑，才能真正做到扬长避短，人尽其才。

形劳而不休则弊，精用而不已则劳，劳则竭。

——《庄子·刻意》

【品鉴】不停地劳作而不注意休息，就会使身体受亏损。精力耗费过度会使人感到劳累不堪，过分疲劳则会积劳成疾，以至于过早地丧失了工作的能力。只有爱惜身体的人，才能更好地工作。

丧己于物，失性于俗者，谓之倒置之民。

——《庄子·缮性》

【品鉴】为了外物而丧失了自我，为了世俗的观念而改变了本性，这就是把事物弄颠倒了的人。就像有些人做工作，不是为了充实自己，奉献社会，仅仅是为了钱。不是让钱来改善自己的生活，而让自己的一切都为了挣钱，这样的人就是将生活与挣钱弄颠倒的人。

处世篇

佛　家

普度众生人间事，利乐有情菩萨行

徘徊于中路，行迈顾迟迟。

选择黠慧人，审谤机悟士。

——《佛所行赞》卷一

【品鉴】青年时期处在人生的十字路口，选择方向、职业时，要谨慎小心，多征求有经验的长者以及通达事理、知识丰富者的意见，然后经过自己认真思考再行动，这样的人才是智慧之人。

敛客执礼仪，敬问彼和安。

——《佛所行赞》卷三

【品鉴】在公共场合，神情要端庄，注意礼貌，尊重他人。人要讲究精神文明。

不欲降高节，屈下受人恩。

——《佛所行赞》卷三

【品鉴】在淫威强权面前不能降低人格，不顾道德地去逢迎别人，以期得到利益。

明人知时取。

——《佛所行赞》卷三

【品鉴】聪明的人能够审时度势，把握人生机遇，做出正确的判断和取舍。

守惜封己利，是必速亡矣。

——《佛所行赞》卷三

【品鉴】要心系大众，帮助大家共同致富，如果只为自己的一点利益计较，是不能长久地拥有财富的。

兼施善知识，虽散后无悔。

——《佛所行赞》卷三

【品鉴】对他人表示关心、同情并给予帮助，虽然使自己失去了一些时间、精力和财富，但这样做以后是不会追悔的。

众聚和快，和则常安。

——《法句经》卷下

【品鉴】人们在一起应和平友好，精神愉快。只有和睦相处才能安定团结，共同发展。

以义求财物，无有贪利心。

——《佛所行赞》卷一

【品鉴】追求物质利益要讲道德，要取之有道，不能贪利而忘义，以不正当的方式谋取钱财。

爱育如其子，子敬亦如母，犹日月火光，从微照渐广。

——《佛所行赞》卷一

【品鉴】爱护他人的孩子如同爱护自己的孩子一般，那么孩子们也会像对待母亲那样敬重你。人们之间的感情培养，好比日月的光亮，由一点开始而形成普照大地的光华。

以德降怨敌。

——《佛所行赞》卷一

【品鉴】要能以德报怨，虚怀若谷，善于用道德感化对自己有怨愤的人。

软语而教敕，矜施以财物。

——《佛所行赞》卷一

【品鉴】教育人要和颜悦色，晓之以理，动之以情，不要以物质利益去引诱。

成人饶益事，遭难不遗弃。

——《佛所行赞》卷一

【品鉴】人生在世要多做好事，有成人之美。在别人碰到困难的时候要伸出温暖的手，不要置之不理。

捐弃世荣利，进步随我来。

——《佛所行赞》卷一

【品鉴】摆脱世俗的声名、财富的约束，好比甩掉了沉重的包袱，人就能轻装前进。

何人不向利，无利亲戚离。

——《佛所行赞》卷一

【品鉴】几千年来，很多人都是为了利益结合在一起的。如果没有利益关系，那么连亲友之间也会疏远的。

分析为常理，孰能不听从。

——《佛所行赞》卷一

【品鉴】有理走遍天下。如果你讲的道理是对的，谁还能不听取呢？

心敬形堪勤。

——《佛所行赞》卷一

【品鉴】人都是有思想的，内心认为是正确的事，做起来就会主动、愉快。

人有心至诚，身力无所堪。

——《佛所行赞》卷一

【品鉴】精诚所至，金石为开。世上无难事，只怕有心人。只要矢志不渝，理想终会实现。

随事而请问，愿为我解说。

——《佛所行赞》卷一

【品鉴】古人云："君子之学必好问。"在学习中，不懂的事情就要虚心求教，则一定有人乐意为你做出解答。

不见真实义，内心不欢悦。

——《佛所行赞》卷一

【品鉴】不了解事物的真实面貌，心中就会不愉快。

真实有义言，辞辩理高胜。

——《佛所行赞》卷一

【品鉴】话不讲不清，理不辩不明。真诚而有道理的话，经得起辩论和实践的检验。

宁近智慧怨，不习愚痴友。

——《佛所行赞》卷一

【品鉴】宁可接近有学问的人并接受他们的批评，也不跟愚笨之人做朋友。从智者脱愚，从圣者脱俗。

应修知识想，忍辱而奉事。

——《佛所行赞》卷三

【品鉴】人应当勤奋学习，不断提高品德修养，忍辱负重，努力工作。

当财自供己，不称名义士。

兼财于天下，乃名大丈夫。

——《佛所行赞》卷三

【品鉴】只为自己谋利益的人，只是一个利禄之徒，不为人敬；为天下人的富裕而努力，这样的人才堪称大丈夫。

害生而求福，此则无慈人。

——《佛所行赞》卷三

【品鉴】人类要与动物和睦相处，伤害生灵而获得利益的人，绝不是以慈悲为怀之人。

凡人诱来学，审才而后教。

——《佛所行赞》卷三

【品鉴】平常人们教育学生，应根据其知识程度而决定教学内容和方法。因材施教，儒释相同。

如树高条果，贪取多堕死。
贪欲境如是，虽见难可取。

——《佛所行赞》卷三

【品鉴】对于结在高大树枝上的果子，贪心摘取，一不小心就会摔死。有贪欲之人的境况就是这样，想得到的很多，但得到却很难。心越贪，命越危。

无亲而独立，此复有何欢。

——《佛所行赞》卷三

【品鉴】人不能离开群体。若孤苦一人，没有亲戚朋友往来，这样的人生又有什么欢乐可言呢？

今见行乞求，我愿奉其土。

——《佛所行赞》卷三

【品鉴】遇见寻求帮助的人，应当尽力相助。帮助他人，也是拯救自己。

同生相爱念，为欲相残杀。

——《佛所行赞》卷三

【品鉴】人们在一起工作、生活应该互相爱护，互相关心。如果只为了自己的利益着想，就会反目成仇，亲人相斗，互相怨恨，互相摧残。

语过虚伪说，智者所不言。

——《佛所行赞》卷一

【品鉴】智慧的人，不讲大而无当、虚而不实的话。这样才不会使自己陷入被动的境地。

黠慧之人应当善观。可与语人，不可语人，应当善知。可语时非语时，应当善知；可语处，非语处，然后说语。

——《大萨遮尼乾子所说经》卷六

【品鉴】聪明的人说话办事应当注意场合和对象，根据不同的场合、不同的对象，讲不同的话。

以其受王名官重禄，舍公念私不存公政。祸乱之生莫不由之。此是国之最大恶贼。

——《大萨遮尼乾子所说经》卷四

【品鉴】身负重任却不为国家、人民的利益而工作，处处为自己谋私利的人，是社会不安定的根源，是国家最大的敌人，应及时识别并揭露他们。

明识罪福，心不迷闷。不疑于法，动则合理，不生过非故。

——《大萨遮尼乾子所说经》卷四

【品鉴】要明确区分好事与错事，遵守法度，办事要合于公理，避免惹是生非。糊里糊涂地做事，终将害人害己。

忧国忘身不营私务，念护百姓如养双目。

——《大萨遮尼乾子所说经》卷三

【品鉴】身为官员要能够为国家、社会和百姓服务，爱护百姓要像爱护自己的眼睛一样。人民对于自己的领导人，也应同样爱护。

善知众生心，能说令究竟。

——《大方广佛华严经》卷四十三

【品鉴】知人者智，要善于了解别人心之所想，说话才能恰如其分，深得人心。

慈悲于一切，不生懈怠心。

——《添品妙法莲华经》卷五

【品鉴】对人对事要以宽厚为本，对自己要严格要求不得松懈。如此做人，众皆敬之。

常修质直行，不轻蔑于人。

——《妙法莲华经》卷五

【品鉴】为人处世要行为端正，尊重别人，以礼待人。要善于发现别人的长处。

示人以中正之表，夫中则正。正则虚满合度。超然特植。始在于且而毕应乎心。

——《北山录》卷二

【品鉴】做人要符合规范，心地正直，胸怀坦荡，才能目不斜视。眼睛是心灵的窗户，人的心理活动都能从中表现出来。辨人先辨目。

是则自感于所见，自乱于所闻。不可数闻有谤正之言，遂便信纳从唱而和乘生是非。

——《广弘集》卷十

【品鉴】百闻不如一见，不要轻信传闻，随声附和，要相信自己的眼睛和判断力，用自己的头脑来辨别是非，不要盲从。

勿随邪业，行住卧安，世世无患。

——《法句经》卷二十一

【品鉴】不跟随邪恶之人，接人待物要心平气和，这样才能永无忧患。

鄙夫染人，如近臭物，渐迷习非，不觉成恶；贤夫染人，如近香熏，进智习善，行成洁芳。

——《法句经》卷九

【品鉴】受品质低劣的人影响，好比接近腐烂之物，被其污染，渐成习惯，积恶难改；受品德高尚的人影响，好比接近清香之物，受其熏陶，可以增长智慧，养成高洁而正直的品行。

悭贪之辈众所憎嫌。

——《大乘理趣六波罗蜜多经》卷四

【品鉴】占小便宜，自私自利，贪心不足的人，大家都会厌恶他。

恶友同行及化他，坏器盛水非坚牢。

——《佛说佛母宝德藏般若波罗蜜经》卷上

【品鉴】和思想行为不端正的人共事，要帮助、教育他，使之逐步认识错误，懂得有坏思想就好比用坏的器物盛水一样，必定产生不良的后果。

不违于物，不负于人。

——《五灯会元》卷八

【品鉴】办事要遵循客观规律，对人要以诚相待，不能损害他人。那种"宁可我负天下人，也不让天下人负我"的处世哲学，是会受到千古唾骂的。

一人传虚，万人传实。

——《五灯会元》卷八

【品鉴】人言可畏。一个人讲的事，可能有假；众口皆说，必有原因。

丑陋任君嫌，不挂云霞色。

——《五灯会元》卷九

【品鉴】人要保持自己的人格、品性，不虚掩，不刻意追求外在的东西。美就在自然之中，在心灵之中。

交互明中暗，功齐转觉难，力穷忘讲退，金锁网鞍鞍。

——《五灯会元》卷十三

【品鉴】社会上的许多事物，人未必都能看得清楚，识得明白，所谓放纵容易脱身难，就是此理。因此谨慎从事、留有余地，不轻易介入，则不失为一种处世良策。

诸兄弟，天何高，地何平，泼天活路从人走，何用区区摸壁行。

——《五灯会元》卷一百十二

【品鉴】天地人三者之中，以人为贵，路是人走出来的，锦绣前程是闯出来的，不应因循守旧，畏缩不前。

莫顺庸流妄说。

【品鉴】人贵在有自己的思想见解，不应人云亦云。不要迎合世俗的虚妄言语，应保持个人的独特见解。

财色之祸，甚于毒蛇。

——《卐续藏经·真心直说》

【品鉴】贪图财富和美色给人带来的灾难，比毒蛇害人还要厉害。

解行分明珠走盘，
未能透脱几多难。
如瓶注水无遗漏，
隔海风光冷眼看。

——《人天眼目》卷四

【品鉴】世事有分明，如珠落玉盘，总有分别，好比水注瓶中无遗漏，只有头脑清醒、心明如镜，才能远离忧患和灾难。

彼此相兴怨，如鸟堕罗网。
破他还自破，冤家遇冤家。

——《法集要颂经》卷二

【品鉴】人与人之间相处，若彼此指责、抱怨，那么如鸟入网，不会有好结果。损害别人的人，似乎到处都能碰到怪罪自己的人，以至于两败俱伤，难以安生，最终也会害了自己。

己自不习恶，亲近习恶者。

为人所诬笑，恶名日增炽。

——《出曜经》卷二十二

【品鉴】自己本人并不做坏事，但是长期亲近做坏事的人，就会使自己也受到大家的冷眼相看，不好的名声也会被到处传说议论。

近恶自陷溺，习善致名称。

妙者恒自妙，此由身真正。

——《出曜经》卷二十二

【品鉴】亲近品德低下的人会自招损害，跟品德高尚的人交往就会有好的名声，并有益于保持自身的高尚和纯洁。要善于择友。

无信怀憎嫉，斗乱彼此人。

智者所屏弃，愚习以为乐。

——《出曜经》卷二十二

【品鉴】与人相交没有信义且怀有猜忌、争斗之心，这是有道德的人所鄙视的，而品格低下的人，却以此为乐趣。

有信无憎嫉，精进信多闻。

智者所敬待，贤圣以为乐。

——《出曜经》卷二十二

【品鉴】对真理矢志不渝，且言而有信，不怀邪念；勤奋学习，孜孜不倦。这是智慧之人所敬重的，贤达之人也以此为乐。

夫学道人，若遇种种苦乐，称意不称意事，心无退屈，不念名利养衣食，不贪功德利益。

——《五灯会元》卷二

【品鉴】追求理想的人，会遇到许多艰难困苦，但决不能因此而退缩，要能够抛弃世俗的名利，不计较个人的得失。

多结怨仇，祸患流溢，

实无过咎，怨者何望。

——《出曜经》卷十六

【品鉴】为人处世要心胸宽广，不为小事互不相让，致使与人结下怨恨，招致祸患。试想惯于斤斤计较的人，最终究竟又能得到什么呢？所以人常说：没有解不开的结，没有过不去的河。冤家宜解不宜结。

人若骂我，胜我不胜，快意纵者，怨终不息。

——《出曜经》卷十五

【品鉴】如果有人无理地指责自己，其实他也并不占理，如果不能正确对待，为图一时痛快而回击他，意气用事，这样做，会使人们的怨愤情绪没有止息。

忍辱胜怨，至诚胜欺。

——《出曜经》卷十五

【品鉴】能忍受辱骂的人就能战胜怨恨，诚实的人能战胜狡诈的人，邪不胜正。

竹芦生节，还害其躯，吐言当善，不演恶教。

——《出曜经》卷十一

【品鉴】好比竹芦节处生枝，繁枝过多会使主干生长迟缓一样，人生在世，说话要和气，不传扬邪恶的说教。

言使投意可，亦今得欢喜。
不使至恶意，出言众悉可。

——《出曜经》卷十一

【品鉴】人们说话要善于察言观色，顺耳的话语令人欢喜。不要出口伤人，才能事顺人和得到大家的认可。

一切皆惧死，莫不畏杖痛。

恕己可为譬，勿杀勿行杖。

——《出曜经》卷八

【品鉴】世上的一切生物都是爱惜自己生命的，都不愿接受痛苦与死亡。因此，做人行事要多替别人设身处地地着想，不要给他人带来痛苦和伤害。

富贵亲友贫贱离，

如此之友当速远。

——《杂宝藏经》卷三

【品鉴】穷居闹市无人问，富在深山有远亲。它反映了世态的炎凉。对于那种一见别人落难就马上离开的朋友，应当赶快与他分手。

若解义理众事巧，

为人柔软共行乐。

——《杂宝藏经》卷三

【品鉴】通晓人情世故，办起事情就灵活方便；善解人意，做人谦虚谨慎，体察入微，大家就会喜欢与他共事。

遭值恶友造非法，

得遇善友以断除。

——《杂宝藏经》卷三

【品鉴】如果与坏人做朋友，就会做坏事，走向堕落；和好人为友，就会断绝恶习恶念，走向光明。

树枝被砍不应攀，
人心已离不可亲。
便从异道远避去，
可亲友者满世间。

——《杂宝藏经》卷三

【品鉴】无落脚处的大树不要爬，虚情假意的人不可交。如果避之而去，就会发现，世上善良可亲、可做朋友的人是很多的。

博识多闻得乐住，
智者得利心不高。

——《杂宝藏经》卷三

【品鉴】虚心好学的人总是不断进取，从而感到内心充实，富于智慧的人对于名利总是比较淡泊的。

自谓智者实愚痴，

慧者远离至他方。

——《杂宝藏经》卷三

【品鉴】自以为聪明的人实际上往往很浅薄愚昧，也听不进别人的批评建议，明智之人是不与他们为友的。

于善观察时，智者应分别。

为事不思虑，后悔无所及。

——《大庄严论经》卷十五

【品鉴】做人应当善于观察客观事物，事前多思考，以防止可能发生的错误，防患于未然。如果做事不三思而后行，那么以后追悔就来不及了。

施报如形影，处处与安乐。

——《大庄严论经》卷十

【品鉴】随时给予他人关心和帮助，那么投之以桃，别人也会报之以李，这样彼此之间就能友好相处，平安和快乐就会如影相随。

施为最妙药，能除于重病。

——《大庄严论经》卷十

【品鉴】对他人的关心和体贴有时像灵丹妙药一样，能去除重病，使人恢复健康。

世上所为作，各自见其行。
行善得善报，行恶得恶报。

——《兴起经》卷上

【品鉴】人一生的所作所为，都体现在各自的一言一行上，对此虚饰不得。为善，则得到善报；为恶，则得到恶果。此乃人心之所向。

多闻智略胜，谦虚众所宗。

——《佛所行赞》卷五

【品鉴】博闻多见，广泛汲取知识就会思想丰富，为人谦虚谨慎就会受到大家的爱戴。

钱财非常宝，宜应速施为。

——《佛所行赞》卷三

【品鉴】金钱、财富并非一成不变的宝贝，应该使其尽快地产生效益，为社会服务。

良善乐为友，命终心常欢。

——《佛所行赞》卷三

【品鉴】人生应以和善与关心他人为乐趣并以此相伴终身，这样的人一生都会感到充实和快乐。

世利皆有尽，圣利永无穷。
——《佛所行赞》卷三

【品鉴】世俗的利益随着生命的逝去也就消失了，而对崇高理想的追求却会代有传承，不断发扬光大。

纵情不顺法，今苦后无欢。
——《佛所行赞》卷三

【品鉴】今天放纵自己的私情而不顾及法规，如玩火者自焚的道理一样，会给以后带来无尽的灾难。

唯念贪嫉苦，慈心欲令安。
——《佛所行赞》卷三

【品鉴】如果人有贪婪善妒之心，别人的欢乐会刺激着他，因此心中总是痛苦的，因为他永远没有满足的时候。只有心怀慈善、知足的人才能心神平定。

能于众生施无畏，

遇有恼害皆劝止。

拯济厄难孤穷者，

以是得成此光明。

——《大方广佛华严经》卷十五

【品鉴】高尚的人能做到无私无畏，善于为他人排忧解难。对贫困落难者，可以挺身而出，尽力相助，当然也就会受到大家的敬重。

善则从之，恶则窃避。

——《十住断结经》卷三

【品鉴】对于正确的东西，应发扬光大，从善如流。至于那些不正确的东西，应尽力避开。

不盗人物如毫厘许，若见犯者使修净行。

——《十住断结经》卷二

【品鉴】不是自己的东西分毫不取，见到反其道而行之的人也要加以劝告、制止。

消汤尘盖永无贪欲，其诸恶心不能复乱，又其意猛不为恶屈。

——《十住断结经》卷十四

【品鉴】以大家的利益为重的人，才能在邪恶面前不为所动，也不会在强大的压力面前屈服。

习善知友，谦恪随顺。

——《度世经》卷五

【品鉴】态度谦和随顺，心地善良，能理解对方，并努力学习他人的长处，才是为友之道。

不为邪淫之人而说。

——《大乘方广总持经》

【品鉴】不能替道德败坏的人开脱罪责。是非分明，才能弘扬正义。

不为自是非他之人而说。

——《大乘方广总持经》

【品鉴】不要替抬高自己，贬低他人的人辩解。

不为傲慢不敬之人而说。

——《大乘方广总持经》

【品鉴】不去附和傲慢自大，不敬重别人的人。要想让人尊重自己，首先要学会尊重他人。

路逢剑客须呈剑，

不是诗人不献诗。

——《五灯会元》卷十一

【品鉴】不逢知己不交心，不是知音不操琴。人生七十古来稀，得遇知音只二三。

有意气时添意气，

不风流处也风流。

——《五灯会元》卷十二

【品鉴】君子相聚，意趣相投，则会令人精神振作，洒脱自如，神采放逸，平添风流。与志同道合的人共事，是人生的乐趣之一。

同花同生，万中无一。

——《五灯会元》卷八

【品鉴】世上没有绝对相同的事物，因而人与人之间要想处处求得一致也是很难办到的。能够求同存异，互助互利，是明智者的选择。

若得亲善友，共游于世界。

不积有遗余，专念同其意。

——《出曜经》卷十六

【品鉴】如果与志向相同的人结成朋友，可以在事业上共同进步。可以不看重对方财富的多少，而只感念于彼此的志同道合。这种心灵的默契是花钱买不来的。

吾有一宝琴，寄之在旷野，

不是不解弹，未遇知音者。

——《五灯会元》卷十三

【品鉴】不逢知音不唱歌，认识不同不交谈。所谓"酒逢知己千杯少，话不投机半句多"，即是此意。

一回相见一回老，

能得几时为弟兄。

——《续传灯录》卷三十

【品鉴】随着岁月的流逝，更应加倍珍惜朋友之间真诚无私的友情。千金易得，知己难觅。

相识满天下，知心能几人。

——《续传灯录》卷二

【品鉴】能够真正相互信任，袒露心曲的朋友是十分难得的。与人真诚相待，并不是每个人都具备的品德。

所以生离苦，皆从痴惑生。

如人随路行，中道暂相逢。

——《佛所行赞》卷一

【品鉴】人之所以为离散而苦恼，都是未能彻悟人生所致。其实人的聚散离合恰如人们在行路中一样，相逢、相识、分别、离散都是必然要出现的场面，因而不必为此而多愁善感，徒增苦恼和悲伤。

常合而常散，散散何足哀。

——《佛所行赞》卷一

【品鉴】有相聚就会有别离。既然别离是人生不可避免的，那就不要因此而悲哀。"月有阴晴圆缺，人有悲欢离合，此事古难全。"

亲念于来宾，我心实爱乐。

美说感人怀，闻者皆沐浴。

——《佛所行赞》卷一

【品鉴】亲朋好友来自远方，是一件让人十分高兴的事情。

朋友的祝愿感人肺腑，使听者如沐浴清泉般身心舒畅。孔子曰："有朋自远方来，不亦乐乎？"其义理人情与佛家无异。

譬如春生树，渐长柯叶茂。
秋霜遂零落，同体尚分离。
况人暂合会，亲戚岂常俱。

——《佛所行赞》卷一

【品鉴】亲朋好友岂能常常相聚，永不分离。人生的聚散离合就好比大树一样，春意融融时，枝繁叶茂，而秋风萧瑟时，则落叶飘零。每一次相聚，就会伴随着别离，而每一次有情人的别离，都寄希望于下一次的相会。"有缘千里能相会，无缘对面不相识。"

深爱而弃舍，此则违宿心。

——《佛所行赞》卷一

【品鉴】深深热爱的事情，不得已而舍弃，这是一种无奈而违心的做法。人生的无奈与遗憾，每个人都会遇到。

众生各异趣，乘离理自常。

——《佛所行赞》卷一

【品鉴】不同的人，志趣有别，因而人们各自选择自己的路也是自然之理。应当尊重他人的选择。

道　家

宠辱不惊等闲看，得失不改故人心

不可得而亲，不可得而疏，不可得而利，不可得而害。

——《老子·五十六章》

【品鉴】与人相处，不应以亲疏远近、利害得失作为取舍交往的基础。只有宽以对人，善以待人，友情才能地久天长。

不敢主而不客。

——《老子·六十章》

【品鉴】不能将自己的意见强加于人，这样反而会使自己被动；不能为一点眼前的小利而忽视了今后的发展。急功近利往往反受其害。

宠辱若惊，贵大患若身。

——《老子·十三章》

【品鉴】在顺境与逆境时都要头脑清醒，时时警诫自身，谨慎处世好比身体应当受到爱护一样。

居善地，心善渊，与善仁，言善信，政善治，事善能，动善时。

——《老子·八章》

【品鉴】居住要选择有益的地方；头脑要保持深沉、冷静；与人交往要宽厚真诚；讲话要注意言而有信；从政要努力掌握管理的方法；办事要能够扬长避短；行动时要能够把握恰当的时机。要做到这些，需要认真地学习并不断地在生活中体会。

君子之交淡若水，小人之交甘若醴。

——《庄子·山木》

【品鉴】品德高尚者之间的来往如清泉一样清澈、透明；为利益所驱走到一块儿的人之间的来往如甜美的佳酿一样充满着诱惑。

人之所畏，不可不畏。

——《老子·二十章》

【品鉴】大家都忧患的事，自己也要有所警惕。个人的感受有片面性；大家共同的感受，就具有普遍性了。

善者，吾善之；不善者，吾亦善之；德者。

——《老子·四十九章》

【品鉴】对慈善的人，我以友善回报；不善良的人，我同样以善良来对待，这就是善良的品德。

是以圣人去甚，去奢，去泰。

——《老子·二十九章》

【品鉴】德才兼备的人，办事留有余地，不夸大，不自以为是。做任何事都要有分寸，不能极端化。

圣人常善救人，故无弃人；常善救物，故无弃物。

——《老子·二十七章》

【品鉴】有才德的人善于发现别人的长处，而不是视而不见；能够正确看待事物，而不是只看到不利的一方面。要善于洞察事物，从而发现事物特征。

饰人之心，易人之意，能胜人之口，不能服人之心。

——《庄子·天下》

【品鉴】掩盖人们的真意，改变人们心中的意愿，能堵住人们的嘴，但不能使人们从内心服从。欺骗和压迫是不能把真理从人们的心中除掉的。

无为故无败；无执故无失。

——《老子·六十四章》

【品鉴】不做任何事，就不会有失意感；不去占有，也就不存在失去。没有原因也就无所谓结果了。

虚其心，实其腹，弱其志，强其骨。

——《老子·三章》

【品鉴】消除人们心中的欲念，让大家过上温饱的生活，化解人们不现实的愿望，增强大家的体质。

以德化人，谓之圣人；以财分人，谓之贤人；以贤临人，未有得人者。

——《列子·万命》

【品鉴】用道德来感召人，称为高尚的圣人；将财富分给人，叫作有品德的人；以品行高尚在人们面前自居的人，得不到大家的拥护。为人民谋利益的人，才能受到爱戴。

是以圣人之欲上民也，必以其言下之；欲先民也，必以其身后之。

——《老子·六十六章》

【品鉴】德才兼备的人要领导大家，言语要十分谦虚，想带动大家，就得把自己的利益放在大家的利益之后。这种精神在今天也应提倡。

虽有荣观，燕处超然。

——《老子·二十六章》

【品鉴】虽然拥有富裕的生活和显赫的地位，但应淡然处之，而不自以为尊贵。人无论在顺逆之时，都应持有一颗平常心。

知其荣，守其辱，为天下谷。为天下谷，常德乃足，复归于朴。

——《老子·二十八章》

【品鉴】虽然知道什么是荣耀，却宁肯处于屈辱卑贱的地位。身处底层，才能保持人自然真实、纯朴忠厚的品性。回归自然，也是当今人们的一种良好愿望。

知我者希，则我贵矣。

——《老子·七十章》

【品鉴】与我相知的人越少，就愈加显出我的珍贵。人都应有自己独立的人格和个性，但也不应逃避社会生活，以至于落落寡合、孤芳自赏。

圣人之道，为而不争。

——《老子·八十一章》

【品鉴】圣人的行为准则是：努力工作但不与人争夺名利。人人都把自己的事情干好了，整个社会也会繁荣昌盛。

定乎内外之分，辨乎荣辱之境，斯已矣。

——《庄子·逍遥游》

【品鉴】能界定自身和外物的区别，分辨荣耀和屈辱的处境，不过如此罢了。能冷静地处理主观与客观、成功和失败的关系，化被动为主动，对完善自我具有重要作用。

乘云气，骑日月，而游乎四海之外，死生无变于己，而况利害之端乎？

——《庄子·齐物论》

【品鉴】乘着云雾气流飘浮运动，漫游在四海之外，对于人生的存在与死亡都不为所动，这样的人又怎么会计较人们之间的恩怨是非呢？形虽不可，然心灵却可凭借想象而神游于万里之外。参悟出人生的意义与本质，就能够不局限于现实中的利禄功名。做人心胸不妨宽广一点，处世不妨豁达一些。

忘年忘义，振于无竟，故寓诸无竟。

——《庄子·齐物论》

【品鉴】忘却和摆脱了生死与是非的烦恼，进入到广阔的境界之中，并将意念寄托其中。在心智的开启上庄周无疑是杰出的哲人，道家后学中不乏蔑视礼法、与天比肩之人，都受益于庄子。

且德厚信矼，未达人气。名闻不争，未达人心。

——《庄子·人间世》

【注释】矼（qiāng）：确实貌。

【品鉴】尽管待人宽厚，言而有信，但未必能与对方的思想合拍；虽不去争名夺利，也未必能让人理解。人生在世，并不是一个孤立的个体，必须能适应环境，才能被环境接纳。改变自己难，改变环境和社会风气更难。

然则我内直而外曲，成而上比。

——《庄子·人间世》

【品鉴】我内心刚正不阿，外表委曲求全，心中自有一定之规，并用圣贤的言行来鞭策自己。面对纷繁的外部世界，用这种方式来对事对人，不失为一种既不伤人，也不迷失自己的方法。

外曲者，与人之为徒也。

——《庄子·人间世》

【品鉴】在表现形态上能委曲求全，就迎合了人们的共同心理，就会被大众认可，被社会接纳。人们应当尽可能地与周围环境相协调。

就不欲入，和不欲出。

——《庄子·人间世》

【品鉴】附和迁就他人，但不能曲意逢迎；心平气和地劝告，也不要急于求成。这种与人为善的态度，比互不信任、钩心斗角的关系要好得多。

游于羿之彀中。中央者，中地也；然而不中者，命也。

——《庄子·德充符》

【注释】彀（gòu）中：箭能命中的距离。

【品鉴】来到世上，好比进入到神射手后羿的箭靶中。中心是最易被射中的地方，却没有被射中，这就是命啊。道家谈命运、命相也并非全无可取之处。对命运的理解不同，得出的结论也有很大差别。我们理解的"顺命"，就是要适应环境，认识规律，尽快找到自己的人生位置。

莫逆于心，遂相与为友。

——《庄子·大宗师》

【品鉴】彼此心照不宣，意趣相投，相互交往成为朋友。人与人之间不求长相处，贵在长相知。

且夫得者，时也；失者，顺也。

——《庄子·大宗师》

【品鉴】生命的存在，是时空中物类的聚合；死亡，是自然规律的表现。参透生死，顺逆不惊，坦然处之，在今天也不失为一种潇洒的人生态度。

孰能登天游雾，挠挑无极，相忘以生，无所终穷？

——《庄子·大宗师》

【品鉴】谁能登高于浮动的云雾之中，盘旋而上，到达无穷的天际，忘却了生命的存在，永远没有终止和穷尽？与自然同为一体，证悟人生，表现了一种人与自然和谐的关系，意境高远。在紧张的工作、学习之后，能进入物我两忘、静虑清心的境界是可贵的。人对自然本身就具有一种认同感、亲切感，如果充满了贪欲之心，也是难以去领略自然风光的。

吾思夫使我至此极者而弗得也。父母岂欲吾贫哉？天无私覆，地无私载，天地岂私贫我哉？求其为之者而不得也！然而至此极者，命也夫！

——《庄子·大宗师》

【品鉴】我想啊想，是什么使我如此穷困潦倒，一无所有？父母难道希望我贫穷吗？上天无所不包容，大地也无所不负载，难道天地偏偏让我一人来承受贫穷吗？我百思而不得其解，之所以落到如此境地，完全是命运的捉弄啊！在封建社会，人与人生下来社会地位就有着极大的不同。在今天，社会的进步并没有完全消除人间的不平等，然而我们却不能一切听天由命，而应把握时机，改变命运。

天下有道，则与物皆昌；天下无道，则修德就闲。

——《庄子·天地》

【品鉴】天下平安，就和万事万物一起繁荣昌盛；天下动乱，就修身学习，闲居家中。人逢盛世，就努力进取；人遇乱世，就充实自己，以待来日。

与人和者，谓之人乐；与天和者，谓之天乐。

——《庄子·天道》

【品鉴】与大家和睦相处，会有与人相处的快乐；与自然和谐一致，就会享乐于天地之中。自然与人往往是相通的。热爱生活的人，也必然会热爱他人。热爱自然，热爱周围的一山一水、一草一木，就会有春日赏花、冬天踏雪的情致。

进取篇

佛　家

求真何妨狮子吼，精勤勇进罗汉身

近道名显，如高山雪，远道暗昧，如夜发箭。

————《法句经》卷二十九

【品鉴】接受正确的思想就会使人声名显扬，好似高山之巅的白雪那么晶莹夺目；远离正确的思想，做人就分不清是非，愚昧无知，好比在黑夜里射箭，看不清目标而无的放矢一样。

伎乐放逸，恶习日增，精进惟行，习是舍非。

————《法句经》卷二十九

【品鉴】沉醉于享乐和放纵之中，恶习就会不断加深。而努力进取，注意自己的言行，则会自觉地弃恶扬善。

若人寿百岁，邪学志不善；不如生一日，精进受正法。

————《法句经》卷二

【品鉴】人生一世，如果不接受正确的思想，无益于大众，即使长命百岁，也不如在短暂的岁月里，对社会做出贡献而更有价值。

慧者能自知，
精勤求上进。

——《佛所行赞》卷三

【品鉴】有智慧的人往往有自知之明，追求知识，不断进步。能认识到自己的不足，努力弥补缺陷，才是强者的人生态度。

钻木而取火，掘地而得水。
精勤正方便，无求而不获。

——《佛所行赞》卷三

【品鉴】好比钻木可取火，掘井可得水一样，人只要努力上进，坚持不懈，就一定能取得成绩。

勇猛精进不畏险路，念善知识修正觉道。

——《佛说罗摩伽经》卷上

【品鉴】在前进的道路上是不会一帆风顺的，要不怕困难，努力拼搏，披荆斩棘，勇往直前，才能够到达理想的彼岸。

不以勤苦而生转退，渴仰无上正真之道。

——《十住断结经》卷三

【品鉴】在追求真理的道路上，绝不要因为困难而精神动摇、半途而废。要知难而进，永不回头。

若人多睡眠，懈怠妨有得。

未得者不得，已得者退失。

——《大萨遮尼乾子所说经》卷五

【品鉴】懒散懈怠，贪睡不起的习性，只会妨碍知识的获取，导致思想的退步。

心常好乐，求法无厌，远离懈怠。

——《不退转法轮经》卷二

【品鉴】人的一生应当以勤奋好学，追求真理为乐趣。

恒与善知识，弃舍危脆身；

于诸众生中，信心常清净。

——《不退转法轮经》卷一

【品鉴】人生有限，但追求知识却是无限的，面对纷繁的生活要保持清醒的认识，从而不断地进取。韩愈有诗句：书山有路勤为径，学海无涯苦作舟。

日夜常精进，未曾起疲厌。

——《大方广佛华严经》卷五

【品鉴】追寻人生真谛，要持之以恒，永不倦怠。佛教倡导的这种不懈的追求精神，是人类宝贵的精神财富。

于静于乱亦莫恐怖，于假于实亦莫恐怖。

——《大乘方广总持经》

【品鉴】面对因社会动荡而不能把握的状况，在真假难辨、是非难定之时，都要处变不惊，认真思索，韬光养晦；静观其变，不盲从、不退缩。

勤精进一心，除世间贪忧。

——《摩诃般若波罗蜜经》广乘品

【品鉴】专心致力于提高思想修养，剔除因个人名利而产生的忧愁、烦恼。

努力向前，须猛究取，莫待耳聋眼暗，面皱发白，老苦及身，悲爱缠绵，眼中流泪，心里惝惶，一无所据，不知去处。

——《五灯会元》卷三

【品鉴】要想老有所得，在青年时期就要努力进取，不断充实、

丰富自己。等到年事已高，再后悔光阴虚度，于心不安也无济于事了。所谓"少壮不努力，老大徒伤悲"，说的就是这个道理。

智者善思惟。

——《五灯会元》卷三

【品鉴】善于思考的人一定是智者。功夫越练越精，头脑越用越灵。

嗜欲深者机浅，是非交争者未通。

——《五灯会元》卷三

【品鉴】贪图享乐的人思想浅薄，处处计较个人利害的人难以通达事理。

道　家

慧剑可断浮云路，心系天下日月辉

果于自信，果于诬理。

——《列子·汤问》

【品鉴】要成功首先要有自信心，其次要能够打破常规。自信与创新是成功者的标志。

去小智而大智明。

——《庄子·外物》

【品鉴】去掉华而不实的夸夸其谈，才能有深厚而渊博的学识。事物不仅要有好的形式，更重要的是有充实的内容。

身在江海之上，心居乎魏阙之下。

——《庄子·让王》

【品鉴】身在民间，却想着国家大事。国家兴亡，人人有责。

圣人欲而不欲，不贵难得之货。

——《老子·六十四章》

【品鉴】高尚的人并不仅仅追求物质生活享受，因而对珍宝并不看重。充实的精神生活，才能表现人生的价值。

圣人被褐而怀玉。

——《老子·七十章》

【品鉴】德才兼备的人不注重外表的衣着，而追求高远的精神境界。人不能只是为吃、穿、住而活着。

用志不分，乃凝于神。

——《庄子·达生》

【品鉴】只有专心致志、集中精力，才能成就功业。

图难于其易，为大于其细。

——《老子·六十三章》

【品鉴】要想战胜困难，首先要从容易成功的地方下手；做大事要从细微处干起。对待困难要有蚂蚁啃骨头的精神。

鹏之徙于南冥也，水击三千里，抟扶摇而上者九万里，去以六月息者也。

——《庄子·逍遥游》

【品鉴】大鹏飞往南海时，先用巨翅拍击水面激荡起三千里的波浪，迎着狂飙盘旋而上到九万里的高空，然后乘着六月的风离开。其气势先声夺人，给人一种一往无前的冲击力量。

以刑为体，以礼为翼，以知为时，以德为循。

——《庄子·大宗师》

【品鉴】以法律、规则为本体，以道德修养为辅助，用才智处理事务，用道德规范来约束自己。人不仅需要良好的生存技能、满意的工作条件和优越的生活环境，而且还需继承民族的优秀文化传统，注重自身思想品德的修养。

吾与日月参光，吾与天地为常。

——《庄子·在宥》

【品鉴】我将与日月同辉，与天地相伴。为人类的进步事业做出了贡献的人，人们永远会怀念他。

出入六合，游乎九州，独往独来，是谓独有。独有之人，是谓至贵。

——《庄子·在宥》

【注释】六合：上下和东南西北四方，泛指天下。

【品鉴】往来于天地间，漫游在世界中，独自一人无拘无束，这样的人把握万物又超脱于万物，可称得上是最高贵的人。人的身躯可为环境所系，但精神则可遨游于宇宙之中，这种精神状态也许是创造性思维过程中不可缺少的。

古之畜天下者，无欲而天下足，
无为而万物化，渊静而百姓定。

——《庄子·天地》

【品鉴】古代治理天下的领袖，不追求物质享受而天下富足，不制定各种法规而万物都得到教化，深沉而宁静，因而百姓安居乐业。有一个稳定的社会局面，才能使人民的生活不断有所改善。

大圣之治天下也，摇荡民心，使之成教易俗，举灭其贼心，而皆进其独志。若性之自为，而民不知其所由然。

——《庄子·天下》

【品鉴】伟大而有才华的人治理天下，使百姓心情放松，并引导他们移风易俗，铲除恶念，从而保持独立的人格。形成积极向上的风貌，人民就会自然而然地去从事各项工作。良好的社会风气，是各项事业蓬勃发展的保证。

人生天地之间，若白驹过郤，忽然而已。

——《庄子·知北游》

【注释】郤（xì）：同"隙"。

【品鉴】人生在世，就像快马从门框中飞奔而出，一瞬间就消失了。这是将有限的人生与无限的宇宙对照，而不同的人对此有不同的理解。消极的人，认为人生短促，得过且过，今日有酒今日醉；积极的人，则会觉得人生苦短，时不我待，从而惜时奋进。

天地养一也，登高不可以为长，居下不可以为短。

——《庄子·徐无鬼》

【品鉴】天地对人类的抚育是一视同仁的，身居高位者不要自以为高贵，地位低微者也不应自视为低贱。这种人人同一、人人平等的认识，对封建王权无疑是一种挑战，它表现了强烈的个人主体意识，具有积极的思想意义。

此剑直之无前，举之无上，案之无下，运之无旁。上决浮云，下绝地纪。

——《庄子·说剑》

【品鉴】这把剑一往无前，上举、下挥、旁击，无所不破。上舞可截断浮云，下挥可斩平大地的棱角。推动社会发展的力量如神剑一般，无坚不摧，无敌不克。

言 语 篇

佛　家

妄语虚言佛门戒，等正觉意处处真

恶言骂詈，怓陵蔑人，兴起是行，疾怨滋生，逊言顺辞，尊敬于人，弃结忍恶，疾怨自灭。

——《法句经》卷八

【品鉴】出口伤人，语言粗俗，对人傲慢无理，任性行事，这样会使人们产生怨愤的情绪；对人以礼相待，语言和顺，胸怀宽广、豁达大度，怨愤之情就会自动消失。禅门精言，当为不虚。

言语善濡意极恶，

唯智能远至他方。

——《杂宝藏经》卷三

【品鉴】对那些说得好听，但本意很坏的人，即口蜜腹剑之徒，要有所警惕。害人之心不可有，防人之心不可无。

若以实事见骂辱，

此人实语不足瞋。

若以虚事见骂辱，

彼自欺诳如狂言。

——《杂宝藏经》卷三

【品鉴】别人如果用事实指责自己的错误，这是真话不应当怨愤；若以虚假没有根据的事情怪罪自己，则是他口出狂妄之言。闻过则喜，有则改之，无则加勉，是智者之举。

诚言而不顾，后必生悔恨。

——《佛所行赞》卷五

【品鉴】忠言逆耳利于行。不听别人的诚恳劝告，以致最终犯了错误，日后必然要悔恨的。

应时随顺言，软语而问讯。

——《佛所行赞》卷五

【品鉴】应处处和气待人。向别人问讯时口气要恭敬、礼貌，这样就容易达到预期的目的。

不诵为言垢，不勤为家垢。

——《法句经》卷下

【品鉴】不经常朗诵，则语言表达必不流畅；不勤于打扫，那么家中必然四处尘垢。常言道："五年的胳膊十年的腿，二十年练就一张嘴。"

爱语饶益说，真言虚心受，永离诸过患。

——《佛所行赞》卷一

【品鉴】美好的语言可以增进人们对事理的了解而易于接受。虚心接受别人的批评，则可避免错误和过失。

学当守口。言必柔软。

——《法句经》卷三十四

【品鉴】学习要深入钻研，语言要文明礼貌，谦和优美。这是有修养的表现。

言莫可穷，穷之非矣。

——《五灯会元》卷二

【品鉴】说话要有分寸，留有余地，否则，会惹起事端，失去别人的信任。

言语如钳如夹，如钩如锁，须教相续不断，始得头头上具，物物上明。

——《五灯会元》卷十三

【品鉴】口头表达一定要环环相连，句句相扣，注意语言的逻辑性，言之成理，论之有据。

多说不如少说，少说不如不说。

——《五灯全书》卷一百十八

【品鉴】对于自己不了解的事物，多听、多思才是可取的态度。正所谓人常说的："沉默是金。"缄口不言并非无知，而是慎重的表现。

终不妄语，真实而言；不应两舌，有异言说；不应恶口，常柔软语。

——《菩萨行方便境界神通变化经》卷中

【品鉴】说话要心口如一，不要不负责任信口胡说，不要在人前搬弄是非。

弘誓深如海，历劫不思议。

——《妙法莲花经》卷七

【品鉴】要忠实于自己的理想和庄严的誓言，不因环境的变化、处境的险恶而改变志向。

赞叹邪见如火益薪，

犹如猛火伤害众生。

——《观普贤菩萨行法经》

【品鉴】支持错误的思想言行，为之叫好，就好比助纣为虐，为虎作伥，会给社会带来危害。

于其中间所言所说皆悉真实无有虚妄。

——《大乘方广总持经》卷一

【品鉴】说话要摆事实、讲道理，不讲违心之言，不讲虚妄之言。

夫不知言而言，妄言者也；不知言而不言，慎言者也；承言而言学者也。

——《北山录》卷三

【品鉴】人们不光要做到对自己不知道的事不乱讲，不懂的东西不装懂，更应该虚心向他人求教。把别人的知识变为自己的知识，就如江海不择细流，故能浩渺无涯。

口是祸媒，舌称斗本。能为伐身之斧。厥号众恶之门。刀剑起咽喉之间。绳索居唇齿之际。语寒风足使翠柯零叶，谈芳节能令槁木舒华。褒贬由其一言。生死出其三寸。

——《辩正论》卷一

【品鉴】争由舌发，祸从口出。此段用极端的比喻强调了语言的重要，吾辈不可等闲视之。

自实语者不疑他人有虚诳语。亦令他人信己实语。能令众生永断疑网。

——《大乘理趣波罗蜜多经》卷五

【品鉴】诚实的人不会疑心重重，待人以诚相见，以心交心，因此，人们就不会对他产生猜疑。

发辞有义，能称如实说，决定不欺侮人。种种乐说以柔软言令众欢喜。颜色宽和使他人亲附。随义而说闻者悟解。

——《胜天王般若波罗蜜经》卷一

【品鉴】言之有物，实事相告，且要和颜悦色，那么别人就容易理解并接受你的看法与认识。语言是教化人、感悟人的表达工具。

是人常出信顺语言，柔软语言，白净语言。不杂语言，不生忿怒。不为我慢所覆；常生慈心，不起恨恚等烦恼不令增长。

——《佛母出生三法藏般若波罗蜜多经》卷二

【品鉴】与人交谈要通情达理，心平气和，用语文明；不恶语伤人，以宽厚之心待人，彼此之间就会相处融洽，自己也会心神安定。

意到句不到，石长无根草，山藏不动云。
——《人天眼目》卷六

【品鉴】写的文章，主旨已出但表达不流畅，好比石头上长着的无根小草，山峰间停留的云彩，不能留传久远。正确的思想必须借助优美的语言才能留传于世。

意句俱到，天共白云晓，水和明月流。
——《人天眼目》卷六

【品鉴】文章的内容和形式，即思想与语言结合得完美，那就如蓝天上飘浮的白云，流水中倒映的明月，互为映衬，相得益彰。

意句俱不到，青天无片云，绿水风波起。
——《人天眼目》卷六

【品鉴】内容和表达形式都不好的文章，好比蓝天没有白云飘动，一池碧水却荡起风波那样没有意境，使人读之索然无味。

第一莫将来，将来不相似，言语也须看前头。
——《五灯会元》卷十三

【品鉴】对于还未发生的事情，不要轻易下结论，将来的事实不是靠预言来支配的。未来的世界是不会以某个人的意志为转移的。

一言参差即千里万里，难为收摄。

——《五灯会元》卷十三

【品鉴】是与否虽只差一字，却是完全不同的一组对立面。

所言说者人皆信用，与诸众生共作朋友，所语无失。

——《放光般若经》卷六

【品鉴】说话要诚信，要负责任；扩散流言，传播小道消息，只会误人害己。

道　家

慎谈缄口非不识，逆耳忠言世人嫌

善行，无辙迹；善言，无暇谪。

——《老子·二十七章》

【品鉴】善于处世的人，不留下是非、隐患；会讲话的人，言谈找不出破绽。言谈举止能体现出一个人的思想深度和修养。

慎尔言，将有和之；慎尔行，将有随之。

——《列子·说符》

【品鉴】言谈举止要适度，这样就会拥有许多志同道合的朋友。言行是人相处的重要内容。

希言自然。

——《老子·二十三章》

【品鉴】讲话严谨，就比较客观，接近真实。对问题没有了解清楚之前，不要妄加评说。

信言不美，美言不信。

——《老子·八十一章》

【品鉴】诚实的话往往并不动听，花言巧语并不可信。只有真实可信的语言才有价值。

色盛者骄，力盛者奋，未可以语道也。故不班白语道，失，而况行之乎？

——《列子·说符》

【品鉴】气盛的人骄傲，力气大的人逞强，对他们是不能谈论辩证法则的。因此，对年轻幼稚的人，谈论自然与社会法则是不适宜的，他们又怎么能将此付诸实际行动呢？没有一定的人生阅历，是难以付之重托的。

美言可以市尊，美行可以加人。

——《老子·六十二章》

【品鉴】美妙的语言可以使人产生敬意，良好的行为可以令人钦慕。言行是人们心灵的外在表现形式。

吾言甚易知，甚易行。天下莫能知，莫能行。

——《老子·七十章》

【品鉴】我的话人们很容易明白，也很容易实行。然而人们却不愿去了解，更没有人去做。这话颇具哲理性，正如"多替别人着想"的道理，既简单又易行，但在现实中能照此做的人毕竟是有限的。

正言若反。

——《老子·七十八章》

【品鉴】正确的话语往往并不那么动听，也不易使人接受，正所谓："忠言逆耳，良药苦口。"

吾闻言于接舆，大而无当，往而不返。吾惊怖其言，犹河汉而无极也，大有径庭，不近人情焉。

——《庄子·逍遥游》

【品鉴】我从楚国隐士接舆那儿听到的话，夸大且没有根据，随意漫谈。我很惊讶他的表达，好像遥远的银河无边无际，与常人相差很远，实在不符合人情事理。志存高远，语必惊人。

夫言非吹也，言者有言，其所言者特未定也。

——《庄子·齐物论》

【品鉴】言谈论辩，不是吹风，而是人的情思、才学的表达，且没有固定的模式，其结论并非是最终的定论。社会在发展，生活在变化，人们的认识也在不断地接近真理。

六合之外，圣人存而不论；六合之内，圣人论而不议。

——《庄子·齐物论》

【品鉴】对于东西南北、天地之外的宇宙空间，才智卓越的人的态度是承认其存在，但不轻易评说；对于天地之间的事物，贤达者认真研究、论证但不妄下定论。认真的态度，严谨的学风，是认识社会和自然时应始终坚持的正确态度。

既使我与若辩矣，若胜我，我不若胜，若果是也？我果非也邪？我胜若，若不吾胜，我果是也？而若果非也邪？

——《庄子·齐物论》

【品鉴】假设我和你辩论。你胜了我，我没有胜过你，那么你果真是正确的，我就是错误的吗？如果我胜了你，你没有胜我，我果真就正确吗？你果真就错了吗？仅仅把论辩的胜负作为评判正确与错误的标准是片面的。

传其常情，无传其溢言，则几乎全。

——《庄子·人间世》

【品鉴】语言的表达要符合世之常理和人之常情，不要讲那些没有实质意义的、空泛的话语，这样的表达就可以称得上完美了。语言是个人修养、文化素质的集中体现。

言者，风波也；行者，实丧也。

——《庄子·人间世》

【品鉴】语言就像大风掀起的波浪；传播开来就会招致忧患。说话要注意对象、场合，不能不假思索，随意乱说。

而佞人之心翦翦者，又奚足以语至道？

——《庄子·在宥》

【品鉴】善进谗言、献媚的小人，心胸狭窄，又怎么能与他们讨论至高无上的道呢？势利小人只关心自己眼前的利益，对于探索人生与自然的本质是毫无兴趣的。

忠谏不听，蹲循勿争。

——《庄子·至乐》

【品鉴】对不听忠诚劝告的人，就退到一边不再竭力劝说。别人无心听的话，说多了不但不能起到作用，反而会招来厌恶。

生而美者，人与人鉴，不告则不知其美于人也。

——《庄子·则阳》

【品鉴】生来就漂亮的人，是大家的眼光为他提供了审美的镜子，不通过比较和鉴别就不知道自己比别人美。在生活中，我们应有一双善于发现美的眼睛，歌颂美的生活、美的心灵。

好面誉人者，亦好背而毁之。

——《庄子·盗跖》

【品鉴】喜欢当面奉承他人的人，也同样喜好在背地里诽谤他人。越是动听的话，越要小心提防。

治 学 篇

佛　家

领悟参禅终身事，真修实证可清源

敏学摄身，常慎思言。

——《法句经》卷二

【品鉴】人应当善于通过学习来提高自己，常常注意所说的言论是否有道理。

多闻令志明，已明智慧增。

——《法句经》卷三·多闻品

【品鉴】博学多闻能使志向明确；目标既明确，若情志专一，才能就会随之增长。

若多少有闻，自大以㤭人，
是如盲执烛，炤彼不自明。

——《法句经》卷三

【品鉴】如果知之有限，就妄自菲薄，好比盲人点蜡烛，只能照亮别人，而自己仍在黑暗之中。

诱进群黎，使发无上，正真道心。

——《度世品经》卷二

【品鉴】教育大众要循循善诱，启发他们的思想，使之沿着正确的方向发展。

常正其心，不轻后学。

——《十住断结经》卷二

【品鉴】对于初学者，要热情相助，不可轻视。有志者如朝霞日出，终究会光满人间，遍照乾坤的。

所言护口不妄言说，于一切人思维平等。

——《十住断结经》卷二

【品鉴】对于不同的学术思想要互相尊重，评论事物要言之有据。这种善于汲取不同思想精华的精神，是佛学形成博大精深的理论体系的根本原因。

求种种经书，心无有疲倦。

得解其义趣，能随世而行。

——《大方广佛华严经》卷二十四

【品鉴】遍览经、律、论藏，取其精华。努力追寻真理，不断增长学识，乐此不疲，就能在认识水平上跟上时代的潮流。

善知时非时，调伏一切众。

教化不失时，善知时所行。

——《大方广佛华严经》卷十二

【品鉴】如雪里送炭、饥时送食，教育也要及时，要抓住一切机会向求学的人授业。

己身少明不毁他人博达慧者。

——《济诸方等学经》

【品鉴】对于自己不了解的事物，不要随意评价，要尊重各行各业的里手方家。七十二行，行行出状元；三百六十家，家家有精妙。

故其书为博为多为不约。浩浩乎不可以一往求。不可以一日尽，治其书之谓学，学其教之谓审。

——《镡津文集》卷二

【品鉴】对于传统文化中的精华，不能指望轻易得到，认真阅读还不够，还需要了解其思想，进行分析研究。日积月累，滴水穿石，成效自见。

作史者，固当其文直，其事核。不虚美，不隐恶。故谓之实录。

——《护法论》

【品鉴】作史书，要写真事，不有意虚加溢美之词，也不有意隐瞒不善之事，尊重历史，这就叫作实录。

夫欲人心服而自修莫若感其内。欲人言顺而貌从莫若制其外。制其外者，非以人道设教则不能果致也。感其内者，非以神道设教则不能必化也。

——《镡津文集》卷一

【品鉴】要让人心服，必须从思想上解决问题，要使别人尊重自己，就必须以理服人。

若春露之轻滋，学渐沩器。同秋莹之末景，业谢传灯。

——《十门辩惑论》卷下

【品鉴】知识都是千百万人一点一滴积累而成的，学业道理也是从古至今逐步丰富、发展而来并不断传承下去的。

受持读诵生欢喜心，为人演说，或复为人解释其义，于此正法生，清净心离诸疑惑。

——《佛母出生三法藏般若波罗蜜多经》卷五

【品鉴】学习知识，使人充实，还要能够帮助别人，耐心为人讲解道理，释疑解惑使大家都能有正确的思想认识。

为贪嫉者说施之德，说贫苦之法。贫者世间之苦尚不能自饶益身，何能益余。是故贤者当念惠施。

——《放光般若经》卷十九

【品鉴】人生在世不可能独处一隅，要能关心和帮助他人，能以助人脱离困境而感到欣慰。

虽复寿百年，懈怠不精进。

不如一日中，精进不怯弱。

——《出曜经》卷二十二

【品鉴】人若放松对自己的要求，不求上进，那么即使长寿百年，也不如在有限的时光里，努力求知，知难而上。人生的意义不仅仅是活着，还要活得有价值。

惭愧之人，智慧成就。

——《出曜经》卷十九

【品鉴】虚心的人总是自感不足，因而能够严格要求自己，不断进步。

释其旨趣，自浅之深，犹贯珠焉。

——《五灯会元》卷四

【品鉴】讲解道理，学习知识要由浅入深，逐步深入，好比穿珠，积以成串。集腋成裘，积少成多；愚公移山，不可估量。

应须彻底明达始得，不是问一则语，记一转话，巧作道理。

——《五灯会元》卷十

【品鉴】学习上的问题弄通弄懂，领悟透彻，不应穿凿附会，不求甚解，自以为是。

何有一切智，而不修苦行。

——《大庄严论经》卷十三

【品鉴】不登泰山，何以观日出。任何知识都是靠勤奋和努力才能获得的。

唯滞两边，宁知一种，一种不通，两处失功。

——《五灯会元》卷一

【品鉴】治学切勿贪多而不深入。与其泛泛了解两门知识，不如扎扎实实掌握一门知识。

事理既融，内心自莹；
复悲远学，虚掷寸阴。

——《五灯会元》卷二

【品鉴】知识往往是相互联系的，要能够融会贯通，学而有用。如果没有深切领悟，即使所见甚多，也仍然是光阴虚度，劳而无功。

若起精进心，是妄非精进；
若能心不妄，精进无有涯。

——《五灯会元》卷二

【品鉴】求知要持之以恒，全神贯注，深入钻研，如果三天打鱼，两天晒网，就难有收获。

夫造章疏，皆用识心，思量分别，有为有作，起心动念，然可造成。

——《五灯会元》卷二

【品鉴】著书立说，撰写文章，贵在经过反复的思考，得出自己独特的见解。

达教之人，岂滞言而惑理。

——《五灯会元》卷二

【品鉴】为人师表的人，应当善于口头表达，并能明白地讲解事物的道理，以其昏昏使人昭昭，显然是不行的。佛学讲经解义的方法，注重朗读，记诵，环环相扣，对于从事教学研究的人来说，值得借鉴。

学处不玄，尽是流俗。

——《五灯会元》卷三

【品鉴】学习如果没有寻根究底、溯本探源的钻研精神，只能是人云亦云，趋于流俗。

见怪不怪怪自息。

——《五灯会元》卷百十二

【品鉴】少见而多怪，浅学而生奇。在求知中，只要虚怀若谷，那么面对奇异的事物，也能从容对待。

尽有常圆之月，各怀无价之珍。所以月在云中，虽明而不照。智隐惑内，虽真而不通。

——《五灯会元》卷十

【品鉴】治学不仅要学有所得，而且要用语言表达出来，用文字记叙下来。如果不能清楚地表达，则如月在云中，无法朗照，不立文字的心传口授，并非轻文，其本意在于慎于文字。这是严谨学风的体现。

途路之乐，终未到家。见解入微，不名见道，参须实参，悟须实悟。

——《五灯会元》卷十一

【品鉴】求知必须能够究其根源，力求学懂弄通，不要满足于道听途说，一知半解，只及皮毛，不及根本。

学者先须识自宗，
莫将真际杂顽空。
妙明体尽知伤触，
力在逢缘不借中。

——《五灯会元》卷十三

【品鉴】学习要善于正本清源，目标明确，源正则流清。只要奋进，成功就产生在艰难的进取之中。

耳识多所闻，眼识多所见。

闻见不牢固，事由义析理。

——《出曜经》卷十九

【品鉴】善听者可以广闻，善观者可以广览，但人的所见所听都有限度。只有了解事物的特点和规律，才能掌握事物本质，从而举一反三，触类旁通。

常当听微妙，自觉寤其意。

能觉之为贤，终始无所畏。

——《出曜经》卷十七

【品鉴】多听博学者的讲授，探求真理的精微之处，理解其意义。能悟出道理的人是智慧的人。在求学中要有知难而进的精神。

是则照世间，如云解日现。

起止学思惟，坐卧不废忘。

——《出曜经》卷十七

【品鉴】如驱散乌云的一轮红日，求知也须除疑解惑，要收心安神，不为外界所扰，淡泊利禄功名，才能显出成效来。

世间种种业，而获种种果。

是故知一切，非为无因作。

——《佛所行赞》卷三

【品鉴】世上一切事物都有其自身的规律。原因和结果也是相联系的，正如种瓜得瓜，种豆得豆的道理一样，洒下辛勤的汗水，就会结出丰硕的果实。佛教的因明学，中国的名辩学，古希腊的逻辑学，是思维领域的三朵奇葩。

道　家

探真传道征途远，知时识世在自身

知者不博，博者不知。

——《老子·八十一章》

【品鉴】思想深刻的人不自以为渊博，而自以为博学的人往往并没有多少知识。知识是没有穷尽的，智慧的真正意义就是不断地加深自己对社会、对自然的了解，不断提高自己的认识水平。

欲是其所非而非其所是，则莫若以明。

——《庄子·齐物论》

【品鉴】如果想肯定别人所否定的或者否定别人所肯定的事，最好的方法是用冷静、客观的态度去考察事物的本质和规律后再做判断。主观态度、个人喜好不能作为对事物进行评价的出发点。在知识问题上更应采取科学认真的态度。

大多政，法而不谍。

——《庄子·人间世》

【品鉴】有太多的事情要处理，那么实施中也容易出现差错、失当之处。学习知识，纠正偏差也要循序渐进，逐步进行。

立不教，坐不议；虚而往，实而归。固有不言之教，无形而心成者邪？

——《庄子·德充符》

【品鉴】王骀（tái）是一个不能端直地站立讲授，也不能坐着讨论问题的残疾人，但跟随他学习的人都能使自己空虚的内心世界得到充实。他无须用确切的语言来开导，也没有动人的容貌，虽无言无形，但却具有很高的内在修养。

且有真人而后有真知。

——《庄子·大宗师》

【品鉴】只有真正了解人的本性的人，才会有真正的智慧。懂得人生的价值，明确追求的目标，才能在工作中取得成就。

其耆欲深者，其天机浅。

——《庄子·大宗师》

【注释】耆（qí）：六十岁以上的老者。古时同"嗜"（shì）。

【品鉴】物欲强烈的人，对人生的认识是浮浅的。沉溺于声色犬马、功名利禄中的人，用"浅薄"来概括其一生，是十分恰当的。

大人之教，若形之于影，声之于响。有问而应之，尽其所怀，为天下配。

——《庄子·在宥》

【品鉴】有才学的人在施教中，就像影子跟着身体，回响伴着声音那样，有问必答，尽其所学，为人们进行讲解。一个好的教育工作者，都应把传授知识作为自己应尽的职责。

此平世之士，教诲之人，游居学者之所好也。

——《庄子·刻意》

【品鉴】使天下得到安定，不倦地对别人进行教导，这正是游说各地的学者们所热爱的。教育是立国之本，也是一个民族从愚昧走向文明的出发点。

见

识

篇

佛　家

百态纷呈人千面，识人识面难识心

绳长知长，绳短知短。

——《摩诃般若波罗蜜经广乘品》卷十九

【品鉴】要能正确认识事物，客观地对待自己或别人的长处和短处。看他人短处易，知自己短处难。

所谓无惭。经游独行恒思欲境心心相续，唯见妙好不知过患。若其父母及其尊长呵彼所欲，于所尊前不觉起诤是名无惭。

——《胜天王般若波罗蜜经》卷一

【品鉴】随心所欲，贪图利益，从不知检查自己，不听别人的批评劝告，反而无理辩三分，这样的人是没有羞耻之心的。教育并非万能，在现实中常常需要用必要的强制性措施和方法。

言离间者，于彼说此，于此说彼，令生乖诤。若能离此常和合语。

——《大乘理趣六波罗蜜多经》卷五

【品鉴】挑拨是非的人，你前说他坏，他前道你非，结果引起人与人之间的猜忌怨愤。对这种人莫若避而远之，在必要时揭露、挑明事实真相，大家才能和睦相处。

无义语者以染欲心戏弄谈谑。及至邪论皆无义利。若能离此为益。有情实语时语。是则名为离无义语。

——《大乘理趣六波罗蜜多经》卷五

【品鉴】说话要有中心，言之有理，持之有据。不要信口开河，不分对象，乱开玩笑，说些不负责任的话。说话应当言之有物，这样才有利于人际关系的和谐。

人物变化各有其性，性有本分。故复有常物。散虽混淆聚不可乱。

——《弘明集》卷四

【品鉴】人和事物的变化都有其一定的规律性。世界上没有一成不变的事物，千变万化都离不开最本质的东西，万变不离其宗，都遵循固有的规律。

事理深远，非浅情能测。

——《集沙门不应拜俗等事》卷三

【品鉴】许多事物有比较复杂的背景和原因，不能简单地以自己个人的感情标准来做判断。要想能够深刻地认识世界，就必须努力学习，勇于探索。

夫有奇质必有奇智，有奇智必有奇行，有奇行必有奇言。

——《北山录》卷三

【品鉴】有超群的素质必有超凡的智慧；有超凡的智慧必有脱俗的行为；有脱俗的行为必有奇妙的言辞。思想修养与言行举止互为因果。

事尝共见者，可说以实，一人见一人不见者，难与诚言也。

——《弘明集》卷一

【品鉴】事所共见，可以称之为真，个人所见难免失之偏颇。人不可固执己见。

河伯虽神，不溺陆地之人；飘风虽疾，不能使湛水扬尘。

——《弘明集》卷一

【品鉴】河伯司水，神通广大，但无法溺毙陆上的人；大风呼啸，飞沙走石却不能使清水扬起尘埃。石头怎么捂也变不成鸡蛋，盖出于同一理。

书不必孔丘之言。药不必扁鹊之方。合义者从，愈病者良，君子博取众善。

——《弘明集》卷一

【品鉴】治学不必独尊儒术，儒释道三家思想，各有其精妙之处。好比求医不必非名医之方，只要对症下药，其疾可愈。因此，办事要从实际出发，不必死守窠臼，要博采众长。

无智难亲近，能坏善人心。
如火烧枯木，应当常远离。

——《大乘理趣六波罗蜜多经》卷九

【品鉴】不努力上进的人，往往听不进别人的忠告，自行其是。善良的人如不远离他们，将有火烧枯木，良莠俱焚的危险。

供给于恶人，欲益反招损。
如人饲猛兽，无不伤害者。

——《大乘理趣六波罗蜜多经》卷九

【品鉴】对于坏人坏事，绝不能心慈手软。纵恶为患，这样不仅无益于大众，也会殃及自身。

若得如是智慧力，
世间随类化群生。

——《大方广总持宝光明经》卷四

【品鉴】如果有正确的思想做指导，那么就可以做出有益于社会和人类的事。精神力量可以转化为物质成果。

能说过去事，演古如是来。
说过为现在，亦畅当来事。

——《度世品经》卷一

【品鉴】人类社会是从远古走过来的。学习历史能使人明鉴古今，不仅有益于现在，而且有益于将来。

觉意庄严，华也；究畅树形，诸通慧也；解脱知见，实也。

——《如来兴显经》卷三

【品鉴】思想深邃的人，神情端庄，因而为社会所尊重；有智慧者，头脑清醒，善于分析；踏实的人，能直面生活，解脱烦恼，一步一个脚印地前进。

人心不同有如面。

平生各自有所为。

——《镡津文集》卷十七

【品鉴】人的思想和行为各有不同，恰如千人千面，各有各的思想方法和生活方式，苟求一致是不明智的。

智以计软欺，愚以气力争。

——《镡津文集》卷五

【品鉴】聪明的人以智慧取人，愚笨的人以蛮力相斗。有一个智慧的大脑和有一个强健的体魄同样重要。

亏一教则损天下之一善道。损一善道则天下之恶加多矣。

——《镡津文集》卷二

【品鉴】历史上教派的分歧、斗争不断，但在中国的盛唐，三教合流，互为补充、增益，促进了思想的解放、社会的发展，值得研究。可谓正确的道理少一分，则天下的善行便减一成；善良的东西减少了，丑恶的东西就会增多，因此，要敢于坚持真理，只有这样才能使社会面貌一天好于一天。

而万物变化芒乎纷纶，唯人为难得。诸君人杰愈难得也。

——《镡津文集》卷一

【品鉴】世事纷繁，万物竞存，大千世界中以人最为可贵，其中杰出的人才更难得。人才是事业成功的根本因素。

诚明则感天地振鬼神，更死生变化而独得。
——《镡津文集》卷二

【品鉴】真诚是办好一切事情的根本，可感天动地，运作鬼神。"精诚所至，金石为开"，讲的就是这个道理。

上智审诸己，中智求诸人，下智昏昏然。
——《北山录》卷八

【品鉴】善于反省自己的人是最聪明的人，能够听取别人批评建议的人也是明智之人；不知自我修养，又不听取别人的批评，一错到底的人是愚蠢的人。

小人不耻不仁，不畏不义，不见利不劝，不示威不惩。
——《北山录》卷八

【品鉴】思想品德低下的人，不会节制自己，不知道什么是可耻的事情，处处以自己的利益为重，对这类人不能企望他们有自觉性，约束于法规十分必要。

仁者恕在心，狡者恕在口。

——《北山录》卷八

【品鉴】宽厚的人对别人不挑剔，宽以待人；狡诈的人，嘴上花言巧语，心里却要算计一番，要学会识别这种人。

小人之幸，君子之不幸。

——《北山录》卷十

【品鉴】小人得意之日，就是君子遭难之时。在社会历史长河奔涌向前的进程中，有时也会有逆流。

道　家

追名逐利言富贵，仁德峻洁称圣贤

不失其本者久，死而不亡者寿。

——《老子·三十三章》

【品鉴】保持自己独特个性的人能声名永传，死后仍被人们怀念的人，才称得上永久。奉献于社会的人，才能流芳百世。

不精不诚，不能动人。故强哭者虽悲不哀；强怒者虽严不威。

——《庄子·渔父》

【品鉴】不细致诚恳则不能打动人心；勉强做作的悲伤，不会使人哀恸；佯装的怒容也不会令人震动。对人对事，贵在细腻入微，真诚相见。

不言之教，无为之益，天下希及之。

——《老子·四十三章》

【品鉴】善用身教，而不妄加评说的人，顺应自然，而不主观臆断的人，是难得的。

不出户，知天下；不窥牖，见天道。

——《老子·四十七章》

【品鉴】善于分析思考和总结经验的人，身处斗室，却能了解天下大事；不望窗外，也能感到大自然的变化。

大道甚夷，而人好径。

——《老子·五十三章》

【品鉴】大路尽管平坦通达，有人却喜欢走崎岖不平的小路。

大道废，有仁义；智慧出，有大伪。

——《老子·十八章》

【品鉴】废除了旧的传统道德，才能有新的产生；机变和权术的出现，就必然有伪善和欺诈伎俩相伴相生。

大方无隅，大器晚成。

——《老子·四十一章》

【品鉴】真正方正有规矩的事物，常常表现得没有棱角，最完美的事物往往在最后完成。生活中常见这样的现象。

大成若缺，其用不敝。大盈若冲，其用不穷。大直若
屈，大巧若拙，大辩若讷。

——《老子·四十五章》

【品鉴】最完好的事物好像有缺欠；最充实的东西也好似很
虚空；最正直的东西好像有弯曲；最精巧的东西似乎很简单；最擅
长雄辩的人也会显得出言迟钝。

富贵而骄，自遗其咎。

——《老子·九章》

【品鉴】身享富贵却骄横跋扈，将会招致灾祸。古往今来多
少豪门贵族的没落都为老子的论断做了注脚。

甘其食，美其服，安其居，乐其俗。

——《老子·八十章》

【品鉴】饮食富足，服饰美观，居住舒适，风俗淳朴，这正
是几千年来人们所向往的生活。

古之善为君者，非以明民，将以愚之。

——《老子·六十五章》

【品鉴】古时善于治理国家的人，不是使百姓成为圆滑的人，而是让他们成为淳朴的人。世风、人心的好恶与治理者的倡导不无关系。

祸莫大于不知足，咎莫大于欲得。

——《老子·四十六章》

【品鉴】没有比不知足更危险的灾祸，也没有比贪婪更严重的过错。人应节制物欲。

见小曰明，守柔曰强。

——《老子·五十二章》

【品鉴】能体察到微小的事物，叫作明辨；能保持韧性和耐力，那就是刚强。明察与坚强都是人的优良品质。

民不畏死，奈何以死惧之？

——《老子·七十四章》

【品鉴】人民被逼得连死都不怕，又怎能用死来吓唬他们呢？官逼民反，是封建社会中的一种周期性的社会现象。

民以难治，以其智多。

——《老子·六十五章》

【品鉴】百姓难以治理是由于他们是真正的智者。群众才是真正的英雄。

民之饥，以其上食税之多也。

——《老子·七十五章》

【品鉴】百姓生活艰难的原因是上缴了过多的租税。统治者越是骄奢淫逸，百姓越是贫困不堪。

其正闷闷，其民淳淳，其政察察，其民缺缺。

——《老子·五十八章》

【品鉴】社会环境宽松，民风就淳朴，社会现实严酷，人们之间就工于心计。每一历史时期都有其对应的社会风尚。

塞其兑，闭其门，终身不勤。

——《老子·五十二章》

【品鉴】堵塞住私利的来源、渠道，关闭个人利益的大门，那么人们对待工作的态度也会变得疏懒。只有充分调动个人的积极性，使其劳有所得，才能推动整个社会的进步。

使民重死，而不远徙。

——《老子·八十章》

【品鉴】让人民热爱生命，而不使得他们背井离乡。人民的安居乐业，是社会稳定和发展的前提。

委之以财而观其仁，告之以危而观其节。

——《庄子·列御寇》

【品鉴】将钱委托于人，可以看出此人是否清廉，将自己的危难告诉人，可以看出此人的节操品德。

闻道百，以为莫己若。

——《庄子·秋水》

【品鉴】学到了一些知识，就以为没有超过自己的人了。这样的人眼界是狭隘的，好比只看见了自己头上的一片云，看不见无边的天际。

贤君无私怨。

——《列子·力命》

【品鉴】有才干而又明智的领袖是没有个人怨愁的。心胸狭窄的领导，很难赢得人心。

学视者先见舆薪，学听者先闻撞钟。

——《列子·仲尼》

【品鉴】练习视力先从观看装载木柴的大车做起，训练听力也从听撞击的钟声起步。好的基础是成功的保证。

以正治国，以奇用兵，以无事取天下。

——《老子·五十七章》

【品鉴】以公正的方法治理国家，以智慧的方式指挥作战，以安居乐业来取得民心和天下。

有无相生，难易相成，长短相形，高下相倾，音声相和，前后相随。恒也。

——《老子·二章》

【品鉴】有和无相互转化，困难和容易相互依存，长与短相互对照，高和低相互比较，音与声相互融合，前和后相互追随。这是永恒的自然规律。世上没有单一和绝对的事物。

众人重利，廉士重名；贤士尚志，圣人贵精。

——《庄子·刻意》

【品鉴】人们往往看重物质利益，但廉洁之士注重名望；有才德的人追求理想，圣人讲究学识的深厚、意境的高远。不同的人有不同的追求和志向。

祸莫大于轻敌。轻敌几丧吾宝。故抗兵相加，哀者胜矣。

——《老子·六十九章》

【品鉴】最大的灾祸是轻视对方。轻视对方会失掉人生最珍贵的东西。因此当两军对垒时，悲愤的一方必定获胜。

人之巧，乃可与造化者同功乎？

——《列子·汤问》

【品鉴】人工技艺，甚至能创造出与自然生长没有什么差别的东西。人是万物之灵，勤劳和智慧使人类不断美化着自己的生活。

不贵难得之货，使民不为盗；不见可欲，使心不乱。

——《老子·三章》

【品鉴】不看重稀世珍品，大家也不会去做盗贼；没有名利的引诱，才可以使人思想安定。功名利禄使多少人利令智昏、走向深渊。

天地不仁，以万物为刍狗；圣人不仁，以百姓为刍狗。

——《老子·五章》

【注释】刍狗：祭祀时用草扎的狗，事毕即弃。

【品鉴】天地之间没有偏爱、仁慈，对待各种事物都随其演变；圣人也没有偏爱与仁德，对待民众也随性发展。人生的选择不在"上帝"，不在"圣贤"，而在于自己。

持而盈之，不如其已。揣而锐之，不可长保。

——《老子·九章》

【品鉴】执意谋求，不肯满足，不如适可而止。捶磨不止，则不能长久保持锐利。办事要恰如其分，不可刻意追求。

爱民治国，能无知乎？

——《老子·十章》

【品鉴】爱护百姓，治理国家，能不用自己的智慧吗？

故贵以身为天下，若可寄天下；爱以身为天下，若可托天下。

——《老子·十三章》

【品鉴】如果对待工作像珍惜、爱护自身那样，就可将天下的重任委托交付于他。做人要效仿这样的人。

六亲不和，有孝慈；国家昏乱，有忠臣。

——《老子·十八章》

【品鉴】夫妻、父子、兄弟之间关系不和谐，就要提倡孝道和仁慈；国家政治腐败，就会有忠义的人们站出来伸张正义。人类最终是向着光明前进的。

孔德之容，惟道是从。

——《老子·二十一章》

【品鉴】具有渊博的学识和高尚品德的人，他的言行举止，都是以自然法则的运行规律为依据的。深入生活，认识生活，改造我们生活的环境，是一个长期的任务。

善计，不用筹策。

——《老子·二十七章》

【品鉴】能够用心计算的人，不用计算的工具。掌握了一定的方法，问题就会迎刃而解了。

将欲取天下而为之，吾见其弗得已。天下神器，不可为也。为者败之，执者失之。

——《老子·二十九章》

【品鉴】想按照自己的愿望支配世界的命运，我以为他是办不到的。天下是神奇的，是不以个人的意志而发展的。如果想左右它，必将失败，想占有它，必然丧失。人类社会的不断发展是不以个人的意志为转移的。

执大象，天下往，往而不害，安平泰。

——《老子·三十五章》

【品鉴】能够顺应时代发展的潮流，那么人们都会跟随他。大家同心同德，不相互加害，社会就会稳定发展。逆社会发展规律而动者，会被社会所淘汰。

前识者，道之华，而愚之始也。

——《老子·三十八章》

【品鉴】所谓"先知"的人，常对自然法则发表华而不实的评说，往往具有欺骗性，使人走向愚昧。应让事实来说明一切。

躁胜寒，静胜热。

——《老子·四十五章》

【品鉴】心火可以战胜严寒，平静可以战胜炎热。心浮气躁，急火可攻心；盛夏酷暑，心静自然凉。

出生入死。生之徒，十有三；死之徒，十有三；人之生，动之死地，亦十有三。

——《老子·五十章》

【品鉴】人面世为生，入土为死。活着的人占十分之三；命运不济而早夭的人也占十分之三；因各种活动，如战争、灾祸等死去的也占十分之三。要珍惜生命，无愧人生。

治大国，若烹小鲜。

——《老子·六十章》

【品鉴】治理国家，好比油煎小鱼，不必常去翻动它。政多搅民，一心一意搞建设，国家才会富强。

民之从事，常于几成而败之。

——《老子·六十四章》

【品鉴】从事某项工作，往往在接近成功的时候却最终失败。事实上往往在接近成功的时候，也是最困难的时候，就好比登山，越接近终点，地势就越险要。

夫代大匠斫者，希有不伤其手者矣！

——《老子·七十四章》

【品鉴】取代巧匠砍伐木料的人，很少有不砍伤自己手脚或毁坏木料的。办事要冷静客观，量力而行。一意孤行，必坏其事。

邻国相望，鸡犬之音相闻，民至老死不相往来。

——《老子·八十章》

【品鉴】居住在邻近的地方，双方鸡犬的鸣叫声互相都能听到，但人们之间却从生至死不来往。中国几千年的封建社会，愚昧、封闭的阶段延续了很长时间，冲破思想的藩篱，放眼世界，"走出去，请进来"是一个了不起的历史进步。

尧治天下之民，平海内之政。

——《庄子·逍遥游》

【品鉴】唐尧安抚了天下百姓，稳定了四海之内的政治局面。那些在历史上有贡献的人，会受到人民永久的怀念。

大知闲闲，小知间间。大言炎炎，小言詹詹。

——《庄子·齐物论》

【品鉴】才智超群的心胸豁达，才智平平的长于观察；心胸坦荡的言谈气势夺人，只凭借机智的言语则琐碎、冗长。工于心计的人注意措辞和表达，豪爽的人则不拘泥于细微之处。

可行己信，而不见其形，有情而无形。

——《庄子·齐物论》

【品鉴】可以在行动中反映出自己的观念和信仰，但却看不到这种意识的外部形态，它是真实的，且有丰富的内涵，但却难以把握。意识、思想之花是采集不完的，对人心的探求也是永远没有止境的。

道隐于小成，言隐于荣华。

——《庄子·齐物论》

【品鉴】推动社会与自然发展的根本动力往往被一时一事的功过是非而掩盖，人们的深刻思想往往也要借助于华丽的辞藻来传播于世，注重形式而忘其意蕴和内涵的现象，在文坛上并不少见。

可乎可，不可乎不可。

——《庄子·齐物论》

【品鉴】应肯定的事物，就要肯定；不应认可的事物，就不认可。承认事物具有两面性，并不等于不表明对事物的看法，但对事物的评判不能脱离当时的历史条件。

是非之彰也，道之所以亏也。道之所以亏，爱之所以成。

——《庄子·齐物论》

【品鉴】对事物进行肯定和否定，这样就使不断变化的自然法则受到人为的臆断。有了这种个人或集体的固定认识，偏见也就随之而成。每一个集体、阶层总是站在维护自己利益的角度去判断社会现象甚至去理解自然现象。当这种情况出现之时，有时会形成尖锐的对立。

唯其好之也，以异于彼；其好之也，欲以明之。

——《庄子·齐物论》

【品鉴】由于个人的偏爱和嗜好，表现出人与人的不同；正因为个人有个人的长处和特点，所以应表现出来。如果人人都能奉献出自己的一技之长，我们的社会生活会变得更加丰富多彩。

天地与我并生，而万物与我为一。既已为一矣，且得有言乎？既已谓之一矣，且得无言乎？

——《庄子·齐物论》

【品鉴】天地与人共同生存，万物和人合而为一。既然同处于一体中，还有什么可值得评说的呢？既然处在一个整体中，又怎么能不去评说呢？在一个整体中，局部与局部之间、局部与整体之间都充满着矛盾，都在不断地演化。人们的认识水准也在探索中不断地提高。

毛嫱、丽姬，人之所美也；鱼见之深入，鸟见之高飞，麋鹿见之决骤，四者孰知天下之正色哉？

——《庄子·齐物论》

【注释】毛嫱（qiáng）、丽姬：古代美女名。

【品鉴】毛嫱、丽姬是风姿卓绝的美女，鱼看了之后潜入深水，鸟见到后远走高飞，麋鹿见后飞奔进丛林。四者之中，谁真正懂得美呢？自然界中的事物，不同的类别有着不同的感知。不同的时代，也有不同的审美观点。

夫道不欲杂，杂则多，多则扰，扰则忧，忧而不救。

——《庄子·人间世》

【品鉴】自然法则不能驳杂、混乱，杂乱了就头绪众多，头绪纷繁则会干扰人的情绪，从而产生思虑忧患，长此以往就导致危难，难以自救。平静稳定的心理素质是通向成功之路的保证。

名也者，相轧也；知也者，争之器也。二者凶器，非所以尽行也。

——《庄子·人间世》

【品鉴】所谓名声，是相互倾轧的结果；所谓智慧，也是明争暗斗的手段。这两者都是凶猛的兵器，不应当推行于世。庄子对于声名显赫的权臣们之间的尔虞我诈、互相攻击是持批判态度的。

灾人者，人必反灾之。

——《庄子·人间世》

【品鉴】害人者人恒害之。危害社会的人，必然会受到惩罚。

为人使，易以伪；为天使，难以伪。

——《庄子·人间世》

【品鉴】被世俗的利益支配，容易伪装；受自然力量的支配，难以掩饰。

闻以有翼飞者矣，未闻以无翼飞者也；闻以有知知者矣，未闻以无知知者也。

——《庄子·人间世》

【品鉴】听过有翅膀飞行的事物，没听过没翅膀飞行的事物；听过凭智慧来认识事物，没听过以无知来认识事物。做任何事情必须具备必要的客观条件。

凡交近则必相靡以信，远则必忠之以言。

——《庄子·人间世》

【品鉴】邻国之间的交往必须诚恳而有信义，和距离遥远的国家之间的交往要用准确、信守的语言做承诺。无论国家，还是集体或家庭，真诚、信义、美好的语言都是搞好社会关系、人际关系的重要保证。

鉴明则尘垢不止，止则不明也。久与贤人处则无过。

——《庄子·德充符》

【品鉴】要使镜面明亮，就不能有尘土，如果尘蒙镜面，也就不会明亮照人了。长期与有才德的人相处，自己也能得到借鉴而不致有过错。人的心灵亦如镜，如果只想自己的私利，那么也就会如蒙尘的镜面，不利于社会与他人，而被人们抛弃。

不忘其所始，不求其所终。受而喜之，忘而复之。

——《庄子·大宗师》

【品鉴】不忘记人生从哪里开始，不追求其终止之时。在各种环境下都能乐观处之，抛却世俗的认识，而与自然相融合。能认识到人生在宇宙时空中的短暂，热爱生命，热爱生活，才能使有限的人生过得更充实，更有价值。

其一与天为徒，其不一与人为徒，天与人不相胜也，是之谓真人。

——《庄子·大宗师》

【品鉴】符合自然规律的事物是和谐的，那些不和谐的事物往往从属于人的主观认识，自然规律与人类之间并不存在对立，能这样认识自然、社会以及人生的人，才是真正具有自然本质的人。遵循自然规律，保护自然，就是保护人本身。

父母于子，东西南北，唯命之从。

——《庄子·大宗师》

【品鉴】父母亲对于儿女的请求，不论是东西南北，山高水远，都乐于尽力去做。在父母的眼里，子女永远需要他们的照顾。

有虞氏，其犹藏仁以要人，亦得人矣，而未始出于非人。

——《庄子·应帝王》

【品鉴】虞舜以仁爱之心得到人民的拥戴，但他并没有超脱世俗的人生观而进入忘我、与自然为一的境界。人们更喜欢那些能为大家带来物质利益的人，对精神世界的追求是第二位的。物质力量是可以量化的，而精神力量虽然难以量化，但其潜力是十分巨大的。

郑有神巫曰季咸，知人之死生存亡、祸福寿夭，期以岁月旬日，若神。

——《庄子·应帝王》

【品鉴】郑国的季咸巫师，能预卜人的生、死、存、亡，以及祸、福、寿命、年龄，连日期的上旬、中旬或下旬和具体时日都能准确预测出，真像是通神之人。对于预测，人们持有不同的看法，最简单的莫过于斥之为"迷信活动"。应当看到，人的各种外部形态与其内在状况是有联系的，就像形式与内容的关系。比如中医看病，第一步就是"望"，所谓"病家不用开口，便知病情根源"绝非妄言。"望气"是可以推测出人的身体状况的。当然有些以"看相"为谋生手段的人，见钱眼开，投人所好，这是我们大家要提防的。

非德也，而可长久者，天下无之。

——《庄子·在宥》

【品鉴】不遵循自然法规而能长久的事，世间是没有的。只有顺应自然发展规律，才能保持稳定与持久。

其居也，渊而静；其动也，县而天。偾骄不可系者，其唯人心乎！

——《庄子·在宥》

【注释】偾（fèn）：毁坏，败坏。

【品鉴】安定时，深沉而平静；动荡时，可上九天。骄横无忌时，不可控制的是人的内心活动。世界有多大，人的内心就有多大。

今世之仁人，蒿目而忧世之患；不仁之人，决性命之情而饕富贵。故意仁义其非人情乎，自三代以下者，天下何其嚣嚣也！

——《庄子·骈拇》

【品鉴】当今世上有仁爱之心的人，放眼世事充满忧虑；而没有仁爱之心的，拼命地想要升官发财。所谓的仁爱道义之心并不是人人都具有的，从夏、商、周三代至今，世事是多么的繁杂和喧嚣啊！今天的现状又何尝不是五光十色、鱼龙混杂、光怪陆离呢？富贵者并非全都勤劳智慧，清贫者更绝非全都疏懒无能。

有名有实，是物之居；无名无实，在物之虚。

——《庄子·则阳》

【品鉴】有名称有实体，这就是事物的表现形态；没有名称，没有实体，是事物的虚无形态。看不见、摸不着的东西，并非不存在，人类还有许多没有认识的事物。

性不可易，命不可变，时不可止，道不可壅。

——《庄子·天运》

【品鉴】事物的本性不可更易，自然的天命不可改变，岁月不会停止，大道不会阻塞。任何事物都无法阻止社会发展的步伐。

静而圣，动而王，无为也而尊，朴素而天下莫能与之争美。

——《庄子·天道》

【品鉴】清静无为则能超凡入圣，善于行动就能成为领袖，不执意而行就能获得尊敬，朴素纯真是任何东西都无法与之媲美的。静态美使人沉静，动态美令人兴奋，朴素而自然之美是能征服人心的。

龙，合而成体，散而成章，乘云气而养乎阴阳。

——《庄子·天运》

【品鉴】龙聚合为一个整体，散开就成为灿烂的华章，乘着云气游乎天地之间。把龙与自然的聚散离合视作同样，是十分有意义的。这比把龙喻为神异、星宿、帝王、山势等认识更为深刻，更具内涵。

贱而不可不任者，物也；卑而不可不因者，民也；匿而不可不为者，事也；粗而不可不陈者，法也；远而不可不居者，义也；亲而不可不广者，仁也；节而不可不积者，礼也；中而不可不高者，德也；一而不可不易者，道也；神而不可不为者，天也。

——《庄子·在宥》

【品鉴】平凡但不能不任其变化的是万物；普通但不能不顺应其意愿的是百姓；不显眼但又不能不去做的是事情；不细致完

备但不能不宣布的是法规；遥远但不能不具有的是道义；亲密又不能不推广的是仁义和爱心；细小但不能不注意的是礼貌和仪态；遵循而不能不崇敬的是历史传统；这是一个变化的统一体，神秘地受着自然的支配。人类必须客观地面对自然环境，去努力认识、保护它，而不是去破坏它。损害自然的做法最终会受到自然的惩罚。

舍夫种种之民，而悦夫役役之佞；释夫恬淡无为，而悦夫啍啍之意，啍啍已乱无下矣！

——《庄子·胠箧》

【注释】啍（tūn）：反复叮咛，告诫别人。

【品鉴】舍弃那淳厚朴素的民风，而赞赏那些钻营投机、见风使舵的人；不愿清心寡欲，而喜好不停地说教，这种不断向人们灌输的东西足以使天下混乱。思想上的混乱，必然会导致社会邪恶风气的上升。但一个民族思想上的空前活跃，也会推动社会的发展和进步。

彼民有常性，织而衣，耕而食，是谓同德。

——《庄子·马蹄》

【品鉴】人有固定不变的天性，纺织为了穿衣，耕种为了饮食，这是人们共有的品性。不劳动者不得食，靠掠夺别人创造的财物而生活的人，是可鄙的。

世俗之所谓知者，有不为大盗积者乎？所谓圣者，有不为大盗守者乎？

——《庄子·胠箧》

【品鉴】被人们所称之为智慧的人，有不为大盗积累财物的吗？所谓有地位、身份的人，有不为大盗守护财宝的吗？盗者盗劫，前提是有财富可盗。庄子认为盗者所掠都是那些所谓有智慧、有身份的人，只有他们才有值得盗的东西，而这些东西大多为不义之财、巧取豪夺之财。敢于把维护封建秩序的圣人与亡命江湖的大盗同等看待，其反专制的思想是显而易见的。

天下之善人少而不善人多，则圣人之利天下也少而害天下也多。

——《庄子·胠箧》

【品鉴】天下善良的人少而邪恶的人多，因而有地位、身份的人给天下带来的益处少而招致的祸害很多。如果身居高位的人以权谋私，会给社会造成危害。因此建立良好的监督机制是十分必要的。

天下尽殉也，彼其所殉仁义也，则俗谓之君子；其所殉货财也，则俗谓之小人。

——《庄子·骈拇》

【品鉴】人们为了自己的追求而献出了生命。为仁爱和道义付出一生的，人们称他们是君子；为个人钱财和物质利益付出代价的人，人们称之为小人。为人类进步贡献毕生精力的人是高尚的，而为个人私利忙碌一生的人是平庸的。个人的道路是可以选择的。

哲

理

篇

佛　家

人生短暂如逝水，岁月无常总无情

洗除心垢，如工炼金，恶生于心，还自坏形，如铁生垢，反食其身。

——《法句经·尘垢品》卷二十六

【品鉴】心性的修炼好比炼钢；杂念生于心中，表现在言行上，如不克服，就会像铁器一样，会生锈、破损的。

无病最利，知足最富，厚为最友。

——《法句经·泥恒品》卷三十六

【品鉴】身心两健是人生最大的益事，知足者最为富有，宽厚的人朋友最多。

命如果待熟，常恐会零落。
已生皆有苦，孰能致不死。

——《法句经·生死品》卷三十七

【品鉴】人对于死的恐惧，犹如一颗待熟的果实，担忧不知何时坠落一样。要珍惜有限的人生，是生命就必然免不了苦难和挫折，有谁又能长生不老呢？这个道理想通了，就不会为这些避免不了的事情而烦恼了。

一切为天下，建立大慈章，修仁安众生，是为最吉祥。

——《法句经·生死品》卷三十九

【品鉴】把一切都奉献给人类进步事业的人生，是最崇高美好的。

如河驶流，往而不返，人命如是，逝者不还。

——《法句譬喻经》卷一

【品鉴】人生短暂，如水流逝而不复返。时不我待，要惜时如金。佛家对有限人生，无限宇宙的认识，颇具辩证色彩。

人有四事不可恃怙。一者少壮会当归老。二者强健会当归死。三者六亲聚欢娱乐会当别离。四者财宝积聚要当分散。

——《法句譬喻经》卷一

【品鉴】人的一生有四件事是不可绝对依靠的：一是少壮必然会老的自然法则；二是从强健最终走向衰弱、死亡，无一例外；

三是亲朋聚会终有别离之时，所谓"天下没有不散的筵席"；四是钱财宝物积聚再多终有用尽之时。此四件事悟到，则可生成一种旷逸通达的人生观，从而少为人生俗事所累。

愚痴卑贱人，悭贪毒烧心。
终身长受苦，未曾得安乐。

——《佛所行赞》卷三

【品鉴】格调低下，品性顽劣的人，往往被贪利忘义的毒火攻心，难得安宁，一生都为欲望得不到满足而苦恼，因而永远不会得到真正的幸福和快乐。

月光夏则凉，冬则增寒苦。

——《佛所行赞》卷三

【品鉴】斗转星移，沧海桑田，世无不变之理。月光虽美，夏爽冬却寒；月照孤影时，也难免会有几分凄凉。

执炬而自烧，何能不速舍。
有自羡盲人，已解复求缚。

——《佛所行赞》卷三

【品鉴】拿着火把烧了自己怎能不马上抛弃呢？眼睛明亮却羡慕盲人的双目无光，这好比已经摆脱了烦恼纠缠的人，转身又去自寻烦恼。

谓水能灭火，火令水煎消。

——《佛所行赞》卷一

【品鉴】好比水可灭火，而火也可以把器皿中的水烧干一样。事物常常具有相对性，相辅相成，相克相生。

如人夜执灯，去处皆明了。
生死黑暗中，慧明能度彼。

——《大萨遮尼乾子所说经》卷二

【品鉴】努力学习上进，那么知识和智慧的火光就可以驱除阴霾，为你指出一条到达幸福彼岸的人生道路来。

闻说正法，我心欢喜，如见慈母，如饥得食，如渴得水，如裸得衣，如贫得宝，如热得凉，如寒得火，如盲得视，如聋得听，如囚得赦，如贱得贵，如迷得返，如学得师。

——《大萨遮尼乾子所说经》卷三

【品鉴】人对于真理的渴求若能像以上所列的十三种情景一样，则可谓达到了学习的最高境界了。

少不努力，老无所成，悔之于后，复何益哉。

——《沩山警策》

【品鉴】少壮不努力，老大徒伤悲，悔恨而无益，为时已晚矣。常言说得好：有奋进之少年、奉献的中年，就会有安乐的晚年。

自己智慧不明将何开发晚进。

——《沩山警策》

【品鉴】自己的素养有限，知识不丰富，又怎能启发后学者呢？打铁先要自身硬。

无常若也黄昏至，更不留君到一更，时不可待。

——《沩山警策》

【品鉴】人生的终结好比日落黄昏，不可更易。要珍惜时光而不可虚掷。

世事花开落，人情潮去来。

——《五灯全书》卷一百十八

【品鉴】花开花落是自然之道，世态炎凉、人情冷暖也在常理之中。

川有珠则川媚，人蕴道则高闲。

——《沩山警策》

【品鉴】水有珍珠则明媚而吸引人，人博学多识则气度不凡。

生我者父母，成我者朋友。

——《沩山警策句释记》卷下

【品鉴】父母只生下了我的身体，在人生的道路上，还要靠朋友的扶持，好比一个篱笆三个桩，一个好汉三个帮，这样才能有所成就。

苦口忠言必须逆耳，

闻当改过铭刻于心。

——《沩山警策》

【品鉴】忠言逆耳利于行，良药苦口利于病。人应该有知错就改，闻过则喜的精神。

观水莫观污池水，污池之水鱼鳖卑。登山莫登迤逦山，迤逦之山草木稀。观水须观沧溟广，登山须登泰山上。所得不浅，所见亦高。

——《沩山警策句释记》卷下

【品鉴】污水池中之鱼鳖也弱小，曲折连绵的山上草木也稀。

临汪洋而知其大，登泰山而小天下。有远见才能有卓识。

自心还自决，自修还自悟，非关于别人，纵饶父子，亦难相代，所谓借人鼻管出气不得。

——《沩山警策句释记》卷下

【品鉴】思想的形成主要取决于自身的学习，修养和水平的提高在于自己的悟性。即使是父子之间也不能代替、继承，好比借别人的鼻子出不了气一样。人生道路靠自己。

躄者命在杖，失杖则颠；渡者命在舟，失舟则溺。

——《禅林宝训合注》卷一

【品鉴】人不能失去赖以生存的基础，衣、食、住、行，人生必备。正如有腿疾者不能失去拐杖，渡海者不能失去船只一样。

玉不琢不成器，人不学，不知道①。今之所以知古，后之所以知先②。善者可以为法，恶者可以为戒。历观前辈，立身扬名于当世者。鲜不学问而成之矣。

——《禅林宝训合注》卷一

【注释】①此句出自《礼记·学记》。②此句出自韩文公答唐顺宗表状。

【品鉴】玉不雕琢不能成为器皿，人不学习就没有知识。学习使今天的人能知道过去，后世的人也知道前代。从而使善良的人效法前贤，罪恶的人从中得到警诫。各个时代名扬于世的人，都是努力学习奋进的人。

一叶落时天下秋，
一尘起处厚地收。

——《注心赋》卷一

【品鉴】所谓"洞庭木落天下秋"，从一片树叶的飘落可以觉察到秋之将近。落叶归根，风起微尘最后还要回到大地的怀抱之中。要能以小见大，见微知著。

日出于空中，密云覆不现。
虽有此翳障，花敷知日出。

——《大庄严论经》卷一

【品鉴】日出中天，当乌云密布遮没阳光之时，葵花仍然会跟着太阳转动。这正说明：人心自有向背，佞邪终不压正。要坚持真理，永不动摇。

精神甚荒抚，如盲涉长路。

——《大庄严论经》卷一

【品鉴】人没有志向则精神不振，其生活就好比盲人走长路，处处会碰到困扰。人不仅需要物质生活的满足，还需要精神生活的充实。

千年暗室，一灯能破。

——《注心赋》卷二

【品鉴】千年黑暗的地方，一盏灯就能使它明亮起来。有时一句话，一个小小的启示，就能使人走出迷茫，豁然开朗。人的灵感的产生来源于平时的知识积累和长期的思索。

一切万物从大地而生，一切万法从心地而出，犹万物之发生皆含一气。

——《注心赋》卷二

【品鉴】世上万物生于大地，所有的物质都由分子构成，而各种学说、道理都源出于大脑的思维。

当覆一篑之日山耸千寻，元行初步之时程通万里，百尺之山起于累土。千里之程，起于初步。合抱之树，生于毫末，滔滔之水起于滥觞。

——《注心赋》卷三

【品鉴】移山未动一篑土时只觉山高千寻，行程未迈第一步时，只觉路遥万里。实际上高山是由一堆堆的土累积而成；千里之路，也是一步步走出来的；参天大树，由小苗长成；滔滔江海，由滴水汇成。要敢于从头做起，从现在做起。人生的成功之路就在脚下。

人性如急湍水。决东即东，决西即西，方圆任器，曲直随形，心之性柔，亦复如是。

——《注心赋》卷三

【品鉴】人的性情如湍急的水一样，决口以西则西流，决口以东则东溢，装进什么形状的容器里，则随容器而成其形状。人的思想、品格、性情、气质与他所生长的环境，他所受到的教育有很大关系。

冬则结水成冰，春则释冰成水。时节有异，湿性不动。

——《注心赋》卷三

【品鉴】水在冬天结成冰，春天化为水，其本质并没有变化，只是季节不同、温度不同罢了。要能够认识事物与环境的关系。

只知事逐眼前过，
不觉老从头上来。

——《沩山警策》

【品鉴】岁月如流在人们面前很快地经过，在每日忙忙碌碌的生活之中，不知不觉一把青丝换白发。珍惜每一天的生活，使它过得有意义，才是生命之道。

聪明不敌生死，乾慧岂免苦轮？

——《五灯会元》卷十

【品鉴】即使是常遇顺境的人，也会遇到苦恼，再明智的人也摆脱不了死亡的忧虑。人类面对死亡的无奈，是宗教产生的重要因素。

圣贤之学，固非一日之具。日不足继之以夜，积之岁月，自然可成。

——《禅林宝训合注》卷一

【品鉴】学问不是一天可以得到的，只要长期坚持，必有收获。水滴石穿，功到自然成。

好利之弊，何以别焉，夫在公者，取利不公则法乱。在私者，以私取利则事乱。事乱则人争不平，法乱则民怨不伏。

——《禅林宝训合注》卷一

【品鉴】如何区分为自己谋私利的人呢？这种人在工作中以个人利益为重，使法定的制度遭到破坏；与人相处，因私心太重而经常引起纷争。法律不健全，制度混乱，民众的怨愤就不会有平息的时候。领导者的贪污腐败是社会不安定的根源之一。

　　凡人所为之恶，有有形者，有无形者。无形之恶，害人者也。有形之恶，杀人者也。杀人之恶小，害人之恶大。所以游宴中有鸩毒；谈笑中有戈矛；堂奥中有虎豹；邻巷中有戎狄；自非圣贤绝之于未萌，防之于礼法。则其为害也不亦甚乎。

——《禅林宝训合注》卷一

　　【品鉴】能认识到的坏东西影响小，看不清楚的影响大。这是由于前者易于发现而能防患于未然，后者则不易防备。从这个意义上说：坏人易防，而坏意识对人的危害更大，更应引起人们的警惕。

　　一水无以和羹，一木无以建室，一衣不称众体，一药不疗殊疾①，一彩无以为文绣②，一声无以谐琴瑟，一言无以劝众善，一戒③无以防多失。

——《注心赋》卷一

　　【注释】①殊疾：指许多疾病。②文绣：多彩的面料。③一戒：戒，指戒律；一条规定或一条纪律。

　　【品鉴】三人为众，独木不成林。偏不可概全。一在此指单独的一个，与整体相对。整体由众多的一构成，世界由万物构成。无个体，整体难以形成，无整体，个体不能存在。二者相辅相成。

青山不用白云朝，

白云不用青山管。

云常在山山在云，

青山自在闲云缓。

——《注心赋》卷一

【品鉴】青山、白云，相附相依，动静相宜。而又各不相扰，无束无拘，且表现出怡然自得的天性。人常说的闲云野鹤指的就是这种为人所歆美的潇洒、飘逸的境界。

不可循俗，苟窃声利，自丧至德。夫玉贵洁润，故丹紫莫能渝其质；松表岁寒，霜雪莫能凋其操。是知节义为天下之大，惟公标致可尚，得不自强。

——《禅林宝训合注》卷一

【品鉴】不可追名逐利，流于时弊而失去了品格。玉石纯洁的本质不是涂上色彩就能改变的，松柏长青的品性也不因冰封雪压而改变。贫贱不能移，威武不能屈，人生节操最为重要，正直的品性最为可贵。

夫天地之间，诚有易生之物。使一日暴之，十日寒之，亦未见有能者。

——《禅林宝训合注》卷一

【品鉴】办事如果只凭一时的热情和冲动，一曝十寒，不能

持久，那将一事无成。热情和理智的结合，是成熟、完美的标志。

愚贤不肖如水火不同器，寒暑不同时。

——《禅林宝训合注》卷一

【品鉴】才学兼优、通达事理的人和无知顽固、凶恶奸诈的人不可相容，好比水与火不能同处，冬天与夏天不能在同一季节一样。同声相应，同气相求。

祸患藏于隐微，发于人之所忽。

——《禅林宝训合注》卷一

【品鉴】灾难忧患往往就隐藏在平时的细小的事物中，在演变成大灾难之前，容易为人所忽视。"千里之堤，溃于蚁穴"，说的就是此理。

男儿不吃分家饭，
女子不著嫁时衣。

——《卐续藏经》一百四十二册

【品鉴】人生创业靠自己，不要依靠父母的荫护。靠天靠地靠父母，不如靠自己。

瞽者善听，聋者善视。

——《五灯全书》卷一百四

【品鉴】人应能扬长避短，发掘自己的潜力。正如盲人善于利用听觉，耳聋的人善于观察的道理一样。

家家有路透长安。

——《五灯全书》卷一百五

【品鉴】每一个家庭，每一个人都有通向成功的道路，关键在于选择。

古圣治心于未萌，防情于未乱，益预备则无患，所以重门击柝以待暴客，而取诸预也。事预为之则易，卒为之固难。古之贤哲，有终身之忧，而无一朝之患者，诚在于斯。

——《禅林宝训合注》卷一

【品鉴】历史上有智慧的人，会在错误认识萌发之初就将其除去。事先有准备就可以预防灾难，好比有几道门就可以防盗一样。精心准备办事就容易，反之则难。有修养的人有远虑而没有一日之近忧。办事不能只看眼前利益。

利生传道，务在得人，而知人之难，圣哲所病。听其言而未保其行；求其行，而恐遗其才。自非素与交游，备详本末探其志，观其器能，然后守道藏用者，可得而知。沽名饰貌者，不容其伪，纵其潜密，亦见渊源。夫观探详听之理，固非一朝一夕之所能。

——《禅林宝训合注》卷一

【品鉴】为民众服务，传播正确的道理，主要目的是得到人才，但了解一个人不容易，连才智超群的人也为这点忧虑。一个人讲得好，并不能证明他的行为端正；做人不仅要品行端正，还要有智慧和才能。与人相处，要详细了解他的经历与志向，然后才能培养使用。要透过外表而观察本质，而观察了解的过程是不能在短期之内完成的。

长江云散水滔滔，
忽尔狂风浪便高。
不识渔家玄妙意，
却与浪里飐风涛。

——《人天眼目》卷二

【品鉴】长江大河风至潮来，变幻无穷，如果不了解水情，贸然下水，摆渡航运，捕鱼捉虾，那么就难以如愿以偿。欲下海，需先习水性；必要的准备和条件，是成功的保证。

辩口利词问高低，总不亏。

还如应病药诊候，在临时。

——《人天眼目》卷二

【品鉴】善于向别人请教，那么办事就会少犯错误；不懂就问，才学日进。身体不适，及时就诊，则可避免病势加重。

苦学论情世不群。

十载见闻心自委。

——《人天眼目》卷三

【品鉴】刻苦学习，善于思索就能够成为杰出的、有成就的人。潜心学习、钻研一门学问、技术，十年之后必有所得。历经十年的风雨，小苗也能长成大树。

白衣虽拜相，此事不为奇。

积代簪缨者，休言落魄时。

——《人天眼目》卷三

【品鉴】从平民百姓到国家重臣，这不足为奇，许多有才干并成为国家栋梁的人，都是从社会底层成长起来的。人常说：英雄出于少年，将相出于寒门。说的就是这个道理。

到处相逢原不识，

有时不识却相逢。

——《人天眼目》卷三

【品鉴】人们由于各种偶然中的必然相逢在一起，但相逢虽久却从未真正相识、了解的也大有人在。因而相逢又相识，彼此有很深的了解，才是最高意义的相逢，令人欣慰的缘分。人生难得有缘分，若有缘时当珍惜。

处处花开日暖，家家月白风清。不须门外挂桃，神自安然眠高枕。放得下者，左之右之，七纵八横；放不下者，撞头磕额，缚上加绳。

——《五灯全书》卷一百十二

【品鉴】天下本无事，庸人自扰之。有许多困扰原是人自找的。要拿得起，放得下。人若无愧于人，一身轻松走四方，心自坦然胆自正。

当明中有暗，勿心暗相遇，
当暗中有明，勿以明相观；
万物自有功，当言用及处。

——《人天眼目》卷五

【品鉴】世上没有绝对的事。在明亮的地方，也会有阴暗的角落，不能见暗不见明；在黑暗的地方，也会有明亮的光点，也不能见明不见暗。世间万物都有各自的功用，要能够全面地认识他们。

贪看他人宝，忘却自己珍。

——《五灯全书》卷一百六

【品鉴】"天生我材必有用"，人生坦途任君走。不要只羡慕别人的成功，也要能看到自己的长处。

百岁光阴少，春生秋复老；
要透生死关，须明向大道。

——《五灯全书》卷一百六

【品鉴】人生短暂，如白驹过隙，在恍惚之间。要彻悟人生的意义，必须努力学习。

人人心地明如镜，
个个眉毛眼上横。

——《五灯全书》卷一百六

【品鉴】大家的眼睛是雪亮的，是非自有公论。强权代替不了真理。

不经冰霜苦，怎识岁寒心。

——《五灯全书》卷一百六

【品鉴】未经风雪，何道严寒？未经过磨难的人，怎么会体会到岁月的艰辛，生活的不易？

黄金自有黄金价，

终不和沙卖与人。

——《五灯全书》卷一百七

【品鉴】珍贵的东西终究不会和廉价的东西相提并论的，鱼目岂能混珠。要经得起实践的检验。

马瘦毛长怨草稀，

通身是病药难医。

——《五灯全书》卷一百七补遗

【品鉴】出了问题不要总是怨天尤人，还是应从自己身上找找原因，好比对症下药，才能有效。

任凭雨打芭蕉叶，

无耳之人总不知。

——《五灯全书》卷一百七

【品鉴】雨打叶子声声响，耳聋之人难知晓。听不进别人好言相劝的人就像是聋子。人生真正的孤独不是一人独处，而是听不到鼓励，没有了劝告。

一回饮水一回噎，

一度临风一度愁。

【品鉴】人生道路不平坦，征途处处有磨难。可谓"不如意事常八九，可与人言无二三"。要能够从人生的逆境中走出来。

大风吹倒梧桐树，

自有旁人话短长。

——《五灯全书》卷一百七

【品鉴】美好的事物遭到破坏，自然会有人出来说公道话。

丘壑易填，人心难满。

——《五灯全书》卷一百七补遗

【品鉴】现实中的困难和问题，总是可以解决的，而人们的私欲和贪婪是难以满足的。

肝胆逢人彻底倾，

雨霁云收天地阔。

——《五灯全书》卷一百七补遗

【品鉴】与人相处，坦诚相见，那么朋友自然众多，心胸自然开阔，生活就会充实而富有诗意。

寒岩焰发，不抱死火冰灰；枯木花开，岂定春前秋后。

——《五灯全书》卷一百七补遗

【品鉴】任何事物的发生发展都有其内部的原因或规律性，这是不以人们的意志为转移的。应当努力地去认识它、掌握它。

不是山前溪水秀，

有钱难买白云高。

——《五灯全书》卷一百八

【品鉴】利欲熏心的人，难以领略大自然的美好风光，旷达的人生境界也不是金钱所能买到的。金钱并非万能。

不入洪波里，怎见弄潮人。

——《五灯全书》卷一百八

【品鉴】要真正了解一个人，就应该深入到他工作、生活的环境中去。不实地考察，就难以了解真情。

盖风气随世而迁故，为治者亦因时而驭变焉。

——《重刻护法论题辞》

【品鉴】社会是在不断向前发展的，当政者也应随着时代的变化而采用不同的治世之法。一成不变的老腔调，是不会被社会接受的。

祸不入慎家之门。

——《五灯全书》卷一百十四

【品鉴】深思熟虑，谨慎处事，严于律己，那么不幸的事情就不易降临。这与胆小怕事，畏缩不前相去甚远。

空中飞鸟不知空是家乡，
水里游鱼忘却水为性命。

——《续传灯录》卷十二

【品鉴】"身在福中不知福"，事物失去时才感到它的珍贵，而充分具备这种条件时却往往不加珍惜。

得者不轻微，明者不贱用，识者不咨嗟，解者无厌恶。从天降下则贫穷，从地涌出则富贵。

——《五灯会元》卷十三

【品鉴】做事往往对于能者不难，但能者也是从体察生活中得到本领的。与生俱来的东西并不可贵，靠自己努力得来的东西，才能显出它的价值。

处处逢归路，头头归故乡。
本来成现事，何必待思量。

——《五灯会元》卷六

【品鉴】人从哪里来？又到哪里去？这两个问题常常萦绕人心。既有了生命，就要挺胸大步向前走，何必忧虑多徘徊。

疑杀天下人。

——《五灯会元》卷八

【品鉴】对朋友要真诚坦然，不相疑，才能长相知。疑心过重是不会获得友谊和信任的，对于领导者来说，"用人不疑，疑人不用"的名言，应铭记在心。总是怀疑他人，是信心不足的表现。

懊恼三春月，不及九秋光。

——《五灯会元》卷八

【品鉴】主、客体具有同一性。人心不畅，春光不美，保持乐观的生活态度，即使在秋风中也别有一番风情，吟出"晴空一鹤排云上，便引诗情到碧霄"的高歌。

夫道人之心，质直无伪，无背无面，无诈妄心。

——《五灯会元》卷九

【品鉴】品质正派的人，真诚不虚假，不当面一套背后一套，以诚挚的态度对待一切。心口如一，人自欢畅。

父母师长恩难报。

——《五灯会元》卷十

【品鉴】父母的养育，老师的教诲，这份恩情是终身难以报答的。尊师敬长者，可堪重任。

斟酌名言，空劳心力，并无用处。

——《五灯会元》卷十

【品鉴】学习如果只求了解形式，把力气花在它的结构形态上面，那么往往费神耗力但却领悟不到真正的意义。

但莫憎爱，洞然明白。

——《五灯会元》卷一

【品鉴】看问题要从客观出发，不要带着自己的偏好去评判，否则不易得出正确的结论。

智者无为，愚人自缚。

——《五灯会元》卷一

【品鉴】品格高洁、参悟世事的人，不为自己争名利，从而无所牵挂，而私心重的人，往往受到个人名利的束缚。

尽堂灯已灭，弹指向谁说。

去往本寻常，春风扫残雪。

【品鉴】人由青年走向老年是自然规律，不必为此而忧心忡忡，生，如绚丽之花；去，也要化作春泥，滋润来者。人类就是这样生生不息，代代相承的。

造化无生物之心，而物物自成。雨露非润物之意，而灵苗自荣。

——《五灯会元》卷十二

【品鉴】人生的价值在个人的进取，客观条件只能使事物发生变化，或促使变化的产生，事物变化的根本原因还在于其自身。

城上已知新岁角，

愬前犹点旧年灯。

——《五灯会元》卷八

【品鉴】恋旧情结，人皆有之，只是表现程度不同罢了。在生活中，人们心灵上的许多东西并不会因岁月的流逝而消除。

大千世界，日月星辰，江河淮济，一切含灵。

——《五灯会元》卷八

【品鉴】自然界万事万物都各有其妙，各显其灵，生各有性，去各有因。人要善于感悟和体会自然。

一乘了义，契自心源，不了义者，互不相许。

——《五灯会元》卷二

【品鉴】正确的认识产生于正确的思想指导。如果对事物的认识不一致，就不会产生共同的言论和行动。另外，思想是相互联系的，认识是相通的，如果对一个问题没有理解，就很难由此及彼，触类旁通。

纵学种种差别义路，终不代得自己见解。毕竟著力始得，空记持它巧妙章句，即转加烦乱去。

——《五灯会元》卷四

【品鉴】学习任何东西，都要有自己的理解和心得，如果不认真思考，只会背诵一些别人的句子，那么只能稀里糊涂地面对世界、对待事物。

不得春风花不开，
及至花开又吹落。

——《五灯会元》卷六

【品鉴】生命能带来欢乐，也会带来忧伤。它构成了人生五彩缤纷、变幻莫测的世界。事物具有双重性、复杂性。

水冻鱼难跃，山寒花发迟。

——《五灯会元》卷六

【品鉴】没有一个良好的环境，美好的事物也就难以产生。没有暖风，何有春苗？没有阳光，哪有万物生长？

以仁恩之，以义教之，赏欲进其善，罚欲沮其恶。虽罚日益劳，赏日益费而世俗益薄。

——《镡津文集》卷一

【品鉴】物质的需要与精神的满足二者不可偏废。如果不用正确的思想引导人们，只凭借物欲与私利的刺激，那么世风是不会令人满意的。

水虽俱洗，而井非池，池非江河，溪渠非海。

——《无量义经》

【品鉴】水虽然都可以用来洗东西，但水井与江河、大海的能量与功用却有很大的差别。如井里可浮木却不可载舟。数量的改变可以引起质的变化，大海可没巨轮，水塘只能泛起阵阵涟漪。

贪求活命好受他施，

当知是人专造恶业。

——《大乘方广总持经》

【品鉴】事事都为自己打算，贪图别人利益的人，只能给社会和大家带来不幸。这样的人，越少越好。

一中解无量，无量中解一。

展转生非实，智者无所畏。

——《大方广佛华严经》卷五

【品鉴】事物并不是孤立的，有共性，一中有万；有特征，万中有一。同时也在不断演化，所谓智者千虑，必有一失，何况万乎？

若有眼根恶，业障眼不净。

——《观普贤菩萨行法经》

【品鉴】如果心术不正，那么在大家眼里美好的事物，在他眼里会充满了邪恶。不同的人，有不同的审美观。瑞雪给农家带来欢乐，但给旅人平添了烦恼。

若有长思虑，事失不吉利。

——《菩萨行方便境界神通变化经》卷中

【品鉴】许多事物，人们难以预知它的未来。如果为此经常处于忧患之中，那么不仅对于工作不利，还会损害身心的健康。只有努力地建设今天，才能充满信心地迎接明天。

夫贤之与圣名位不同，古哲今人出处各异。

——《辩伪录》卷一

【品鉴】事业有成就的人，都有各自不同的成长道路，身在不同的时代，会有不同的理想与追求。

顺回身行，顺回意行，身口意回，皆以备具，亦如彼四川之流而归于海。

——《等目菩萨经》卷下

【品鉴】要跟上时代潮流，自觉地按客观规律办事，不要反其道而行之，这样有利于身心健康和个人的发展。

譬如猛盛火，焚烧一切物。

无草木聚落，火则自然灭。

——《大方广佛华严经》卷三十六

【品鉴】好比火烧要有可燃物一样，事情的发展、变化，往往要具备必要的条件。遇事要查其因果，辨其缘由。

虚伪无实如水沫，

如幻野马水中月。

有为如梦如浮云，

一切放逸有忧诤。

——《大方广佛华严经》卷七

【品鉴】纸包不住火。虚假的东西不能长久，尘土在水中无法飞扬，世间个人的名利如浮云一般，逐私利的人只会给自己不断带来烦恼。

心不知受受不知心，

因不知缘缘不知因。

——《大方广佛华严经》卷五

【品鉴】对于宇宙间的许多事物，我们还处于未认识、未了解的阶段。宇宙无涯，认识也不会停留在一个水准上。

譬如有良医，具知诸方药，自疾不能救，多闻亦如是。

譬如贫穷人，日夜数他宝，自无半钱分，多闻亦如是。

——《大方广佛华严经》卷五

【品鉴】人在事中迷，旁观者清，救人难救己，讲的就是这个道理。

常发亲爱语，智者少生信。

——《大庄严论经》卷九

【品鉴】说得好听，不如做得好看。常把不切实际的美妙语言挂在嘴上的人，智慧的人是不会轻易相信他的。

家丑难将说向君。

——《五灯全书》卷一百十四

【品鉴】家庭的痛苦和烦恼是最难向他人倾诉的。幸福的婚姻都相同，不幸的家庭各有难言之隐。家家都有一本难念的经。

道　家

不如意事常八九，尽美尽善世无一

一尺之棰，日取其半，万世不竭。

——《庄子·天下》

【品鉴】一尺长的木棍，每天去掉一半，历度千秋而不绝，自然界的事物往往具有无限的可分性。

天地无全功，圣人无全能，万物无全用。故天职生覆，地职形载，圣职教化，物职所宜。然则天有所短，地有所长，圣有所否，物有所通。

——《列子·天瑞》

【品鉴】世事在天、在地、在人、在物，尽善尽美的事是没有的。天覆盖万物，地承接万物，仁者圣贤实施教化，自然界的一切都各有其因果规律，各自发挥着自己的作用。

天下皆知美之为美，斯恶矣；皆知善之为善，斯不善矣。故有无相生，难易相成，长短相形，高下相倾，音声相和，前后相随。

——《老子·二章》

【品鉴】人们都知道美之所以被称之为美，是相对于丑而言的，对善良的判定，也是与恶相对应的。因此，有与无，难和易相辅相生，长较之短，高相形于下，洪亮之音相对于喃喃细语，前对应着后。事物就是这样相比较而存在，相依存而发展的。

少则得，多则惑。是以圣人抱一为天下式。

——《老子·二十二章》

【品鉴】专一则易得，繁杂则易失。贤明的人往往对事物专心致志，对理想的追求矢志不渝。

天地尚不能久，而况于人？

——《老子·二十三章》

【品鉴】蓝天、大地都在不断演化着，何况天地中的人呢？

道，可道，非常道；名，可名，非常名。

——《老子·一章》

【品鉴】能用语言表达清楚的法则，就不是平常意义的法则；

可以用语言表明的事物就不是一般意义的事物了。

凫胫虽短，续之则忧；鹤胫虽长，断之则悲。

——《庄子·骈拇》

【品鉴】野鸭的腿虽短，但接长就会造成烦恼；野鹤的腿虽长，但截断一节就会造成悲伤。事物各有其特点和作用。

后其身而身先，外其身而身存。

——《老子·七章》

【品鉴】在利益面前先人而后己，就会得到大家的拥护，不求名利，反而能得到本属于自己的东西。得与失常可转化，不想失者难有得。

祸兮福之所倚，福兮祸之所伏。

——《老子·五十八章》

【品鉴】灾难之中蕴藏着福气，幸福中潜伏着灾祸。事物往往是相对的，且在不断变化着。

将欲歙之，必固张之；将欲弱之，必固强之；将欲废之，必固兴之；将欲取之，必固予之。

——《老子·三十六章》

【注释】歙（xī）：收敛。

【品鉴】要收缩的，原先一定是张开的；要衰弱的，原来必定是强盛的；准备废弃的，过去必然是兴旺的；将要得到的，肯定是以前付出的。永远不要为一时的荣辱而得意或沮丧。

江海以其善下，故为百谷之王。

——《老子·六十六章》

【品鉴】江海位于低处，所以容纳溪流、河水而汪洋浩瀚。人永不自满，方能不断进取。

绝巧弃利，盗贼无有。

——《老子·十九章》

【品鉴】抛弃伪善和私利，那么要捞取不义之财的人就会自然消失。建立真诚相待的人际关系，社会风气就会焕然一新。

理无常是，事无常非。

——《列子·说符》

【品鉴】世上没有一成不变的道理，也没有永远不对的事情。事物总是在不断发展变化着，有的往往走到了它的反面。

其安易持，其未兆易谋。

——《老子·六十四章》

【品鉴】环境安稳，情况就会稳定，当问题没有发生的时候，容易采取预防措施。要注意把问题解决在萌芽状态。

曲则全，枉则直。少则得，多则惑。

——《老子·二十二章》

【品鉴】能舍弃局部才能保全整体，先弯曲然后才能伸直，求精就会有收获，求多反而会使人混乱。人应当从客观现实出发，从而不断调整自己以适应环境。

甚爱，必大费；多藏，必厚亡。

——《老子·四十四章》

【品鉴】过分的吝惜必然会有更多的付出；过多的积储，也会遭到更大损失。做任何事都要有一个分寸，不能过分。

生不知死，死不知生；来不知去，去不知来。

——《列子·天瑞》

【品鉴】活着不知道死后，死的人也不知道活着的；来到了不知道离开后的事；离去的也不知道来到的事。人的认识必然受到客观条件的限制。

视之不足见，听之不足闻，用之不足既。

——《老子·三十五章》

【品鉴】人生的道理，自然的规律，不能全部看到，也不能全部听到，但在实际运用中却无处不在。事物都有各自发展变化的规律，人们应跟随其变化去认识它。

天下之至柔，驰骋天下之至坚。

——《老子·四十三章》

【品鉴】世上最柔弱的东西，常能克服世上最刚强的事物。事物常常是相克相生的。

天下难事，必作于易；天下大事，必作于细。

——《老子·六十三章》

【品鉴】世上难办的事，应先从简单的开始；国家的大事，也必须先从细小处着手。积少成多，由小而大，贵在坚持。

天下有道，走马以粪；天下无道，戎马生郊。

——《老子·四十六章》

【品鉴】世上太平，战马也无人理会；天下大乱，连怀胎的母马也用来作战。人们对事物的价值判断是随环境而变化的。

天有所短，地有所长；圣有所否，物有所通。

——《列子·天瑞》

【品鉴】天空有其短处，大地有其长处，即使圣人也有缺点，而普通人也不乏优点。人要不断吸取别人的长处。

天地无全功，圣人无全能，万物无全用。

——《列子·天瑞》

【品鉴】天空和大地并不能涵盖一切，德才兼备的人并非没有不足之处，万物也并非皆有所用。世上没有完全绝对的事。

为之于未有，治之于未乱。

——《老子·六十四章》

【品鉴】问题出现之前加以杜绝，动乱发生之前加以治理。领导者对工作应当有一定的指导性和预见性。

吾生也有涯，而知也无涯。

——《庄子·养生主第三》

【品鉴】人生是有限的，但知识是无限的。人应在有限的生命中获得丰富的知识。

臭腐复化为神奇，神奇复化为臭腐。

——《庄子·知北游》

【品鉴】腐败的事物发展到极点就会转化成它的反面，而美妙的事物也会演变为腐朽衰败的事物。一成不变的事物是没有的。

知足之足常足矣。

——《老子·四十六章》

【品鉴】有了知足之心，就能长久志得意满。保持平衡的心态和达观的人生态度是难能可贵的。

至人无己，神人无功，圣人无名。

——《庄子·逍遥游》

【品鉴】修养极高的人没有私利，修养超凡的人无意于求功，圣人无意于求名。这是庄子所塑造的理想的人生境界。

是以圣人终不为大，故能成其大。

——《老子·六十三章》

【品鉴】有理想的人并不把成就当作目的，因此就能够成就非凡的事业。心里只有自己的人，最终会被社会抛弃；只有忘我的人，才会受到大家的敬重。

终日视之而不见，听之而不闻，搏之而不得也。

——《庄子·知北游》

【品鉴】每天看到、听到或捕捉到的，都好似没见、没听、没拿。达到这种修养境界的人寥寥无几。

故常无，欲以观其妙；常有，欲以观其徼。

——《老子·一章》

【注释】徼（jiǎo）：明亮，光明。

【品鉴】因此要常在无的环境下，去体察自然法则的精微奥妙之处；常在有处去观察法则所显现的特征。要有从无到有的探索精神。

为无为，则无不治。

——《老子·三章》

【品鉴】不以强制的态度对待社会，那么一切反而会治理得很好。办事不能只凭心愿，还需顾及主、客体之间的协调与统一。

凿户牖以为室，当其无，有室之用。故有之以为利，无之以为用。

——《老子·十一章》

【注释】牖（yǒu）：窗户。

【品鉴】设置门窗建造房屋，由四壁形成的虚无空间，就有了可供人居住的房子。所以有了四壁的形式就给人们以便利，空间便产生了作用。有与无是一个矛盾的统一体。如无"有"，则无"无"，即没有四壁就没有室内的空间，也就没有使用的功能了。

执古之道，以御今之有，能知古始，是谓道纪。

——《老子·十四章》

【品鉴】考察久已存在的宇宙运行的法则，来指导今天的工作，就能了解大自然的变化规律，这就是人们认识自然规则的方法。认识自然是改造自然、造福人类的前提。

夫唯不争，故天下莫能与之争。

——《老子·二十二章》

【品鉴】正由于不争强斗胜，因此也就没有什么可与之相争的了。对社会有益的事，自然会表现在人们的行为之中，无须自我标榜。

善结，无绳约而不可解。

——《老子·二十七章》

【品鉴】善于控制别人的人，即使不用绳索也叫人无法解脱。正所谓缚人之形，不如缚人之心。

以道佐人主者，不以兵强天下。

——《老子·三十章》

【品鉴】顺应历史潮流的领导者，不能用武力来统治天下。人心是压不服的。

上德不德，是以有德；不德不失德，是以无德。

——《老子·三十八章》

【品鉴】品德高尚的人对历史和传统并不只追求外在的形式，因此才能继承其精华；品位低的人，只注意外表，泥古不化，所以领会不到思想文化遗产中的精华所在。

天下之物生于有，有生于无。

——《老子·四十章》

【品鉴】万事万物都生长于自然界这个客体，而大自然的这个客体又产生于宇宙的混沌之中。因之，得与失、有与无是相互转化、相互联系的。

无为而无不为矣！

——《老子·四十八章》

【品鉴】不违反自然法则，尊重客观规律，就能办好一切事情。道家力倡"无为"，却最终落在"无不为"上，发人深省。

物壮则老，谓之不道，不道早已。

——《老子·五十五章》

【品鉴】事物发展到极限，就会走向反面，这是由于它不能违反自然法则。不符合自然运行规律的事物必然会很快消亡。事物都有其发生、发展直至衰落的过程。

人之生也柔弱，其死也坚强。草木之生也柔脆，其死也枯槁。故坚强者，死之徒；柔弱者，生之徒。

——《老子·七十六章》

【品鉴】人活着身体是柔软的，死后会僵硬。花草树木生长时芽嫩枝柔，死后干枯。因此刚强的通向灭亡，柔顺弱小的走向生存发展，正如顺应时代发展的新生事物，在其开始，往往是弱小的，但却代表着未来，蕴含着强大的生命力。

柔之胜刚，弱之胜强，天下莫不知，莫能行。

——《老子·七十八章》

【品鉴】柔软的可以胜过坚硬的，弱小的可以胜过强大的，这个道理大家都知道，但却没有人去做。柔胜刚、弱胜强是要假以时日的，如果只看重眼前的成败得失，缺乏持久的精神，就难以实现远大的目标。

形固可使如槁木，而心固可使如死灰乎？

——《庄子·齐物论》

【品鉴】身体可以让它似枯木没有生气，而精神怎能像死灰那样没有烟火呢？同样的形体，却有不同的心志。有的人体魄健全，却如行尸走肉，有的人离大限已近，仍可神游于四海之外。

非彼无我，非我无取。

——《庄子·齐物论》

【品鉴】没有对方，也就谈不上自身，没有了自身的形态，也就反映不出对方的形态。事物是相比较而存在的。

故曰彼出于是，是亦因彼，彼是方生之说也。

——《庄子·齐物论》

【品鉴】事物总是彼从此出，此由彼生，因此说事物总是相互依存、相互联系的。看问题应全面、缜密，不能只看到正面，看不到反面。

是亦一无穷，非亦一无穷也。故曰莫若以明。

——《庄子·齐物论》

【品鉴】对事物的肯定、确认是无穷的，对事物的否定、扬弃也是无穷的。人的认识总是在不断深化的。

道行之而成，物谓之而然。

——《庄子·齐物论》

【品鉴】大路是人走出来的，事物的名称是由人命名的。人应该有主见、有个性，否则，就很难有所建树、有所创造。民族的盲目性是可悲的，个人的盲从是可怜的。

物固有所然，物固有所可。无物不然，无物不可。

——《庄子·齐物论》

【品鉴】任何事物都有它存在的原因和合理性。正因为有合理性，才会发生和发展，也由于有缺陷，才会逐渐走向消亡。自然界与人类的进化都是这样的。对于新事物的产生，要欢欣鼓舞，对于旧事物的逝去，也要肯定其历史必然性。

天下莫大于秋毫之末，而太山为小。

——《庄子·齐物论》

【品鉴】把天下看成细毛的末梢，将高大的泰山也视为极小的事物。这种认识的意义在于天下是由最小的物质形态组成的，并无所谓大小。泰山虽高大，在自然中也只是极小的一部分。事物的大小强弱都是相对而言的。

夫道未始有封，言未始有常，为是而有畛也。

——《庄子·齐物论》

【品鉴】真理没有绝对的极限，人对世界的认识也不是恒定不变的。只是由于人们各执己见，才有了各种界限、分别。由于人们看问题的出发点不同，对问题的认识也就不同。人的认识总是不断从相对真理逐步接近绝对真理的。

人皆知有用之用，而莫知无用之用也。

——《庄子·人间世》

【品鉴】人们都懂得有用之物的作用，却不懂得无用之物的妙用。不能为社会增加精神或物质财富，也不要去腐蚀、危害社会，如果人们都采取这种人生态度，我们的生活会变得平安祥和，充满温馨。

自其异者视之，肝胆楚越也；自其同者视之，万物皆一也。

——《庄子·德充符》

【品鉴】从相异的角度看，人体内的肝胆的差异，犹如楚国越国那样相距千里；如果从相同的观点看，万物都源出于一，在本质上都有同一性。这对于认识自然有借鉴意义，万事万物各自有别，但都必须适应自然，不断更新。

人不忘其所忘，而忘其所不忘，此谓诚忘。

——《庄子·德充符》

【品鉴】人没有忘记本应当忘掉的事，但却忘记了不应当忘记的事，这叫作真正的忘记。不要沉溺于过去，应抛弃那使人消沉的记忆；永远怀念真诚的友谊和甜蜜、愉快的青春岁月，能使人内心更充实，生活更有情趣。

有人之形，无人之情。有人之形，故群于人；无人之情，故是非不得于身。

——《庄子·德充符》

【品鉴】有人的形象，却无人的七情六欲。具有人的外貌，因此与人相处；因没有人的贪欲之情，所以恩怨是非都不会涉及自身。这与佛家脱离一切世间烦恼，达到清静、虚无的彼岸境界有殊途同归之妙。

吾所谓无情者，言人之不以好恶内伤其身，常因自然而不益生也。

——《庄子·德充符》

【品鉴】我所讲的无情，是说人不应当以自己或他人的喜欢或厌恶而使身心受到纷扰，要能顺应自然所赋予的形态，不要给自己徒增烦恼。这种旷达的人生态度，在纷繁的现实生活中，是有借鉴意义的。

杀生者不死，生生者不生。

——《庄子·大宗师》

【品鉴】除掉了生的意念，也就不存在死的恐惧；执着于生命存在的形态，也就失去了生命。人生是物质形态在自然的支配下形成的，但在宇宙的时空中只是一瞬的聚合，生命的终止是聚合的离散，构成生命的物质并未消失，所谓物质不灭即此理，能面对人生，是勇者，敢于面对死亡，更需智慧的力量。

其于治天下也，犹涉海凿河而使蚊负山也。

——《庄子·应帝王》

【品鉴】用自己的主观意志去办事、治国，就好比让人步行下海开挖通道，让蚊子背起大山一样。庄子反对强权政治，主张顺应民心，顺应自然，这在当时的历史条件下是有积极意义的。在今天，如果只凭主观意愿办事，结果也必然是难以如愿的。

且曰虎豹之文来田；猿狙之便执斄之狗来藉。

——《庄子·应帝王》

【注释】斄（lí）：牦牛。

【品鉴】虎豹因其美丽、珍贵的毛皮，招致了猎人的围捕；迅捷的猿猴和制服牦牛的牧狗，引来了绳索的拘束。所谓：木秀于林，风必摧之；堆出于岸，流必湍之；行高于人，众必非之。在封建强权的社会里，是只要奴才，不要人才的。特别是对于思想上的异己，更是不容于世而必除之。庄子对专制社会的认识可以说是入木三分。

鲵桓之审为渊，止水之审为渊，流水之审为渊。渊有九名，此处三焉。

——《庄子·应帝王》

【品鉴】巨鲸停留的水域称为深渊，静止的积水称为深渊，湍流汇集的水区称为深渊。渊有许多种称呼，这只是其中的三个例子。同一类事物，除了其共性之外，各自还有其个性和独特之处。细心地观察，认真地鉴别事物，从而不断提高认识。

故天下皆知求其所不知，而莫知求其所已知者；皆知非其所不善，而莫知非其所已善者，是以大乱。

——《庄子·胠箧》

【品鉴】世上的人们都知道去追求自己尚未懂得的事，却不知道去分析研究自己已经懂得的事；都知道去批评自己认为不好的东西，而不知道否定自己已经肯定的事物，因此引起思想认识的混乱。人们对社会的认识，对事物的理解是不断深入的。敢于不断否定自我的人，才能有所创新。庄子在认识论上是辩证的、发展的、深刻的，可以引导人们透过表面现象，认识到本质性的、规律性的东西。

故举天下以赏其善者不足；举天下以罚其恶者不给，故天下之大不足以赏罚。

——《庄子·在宥》

【品鉴】用世上所有的方法来奖励做好事都不够；用世上所有的方式来处罚做坏事的人也嫌不足，所以说世界之大却不够赏善惩恶。

天道之与人道也，相去远矣，不可不察也。

——《庄子·天地》

【品鉴】支配一切的自然法则与人类的生活方式有很大的差别，这是必须要看到的。违反自然法则，盲目蛮干，其结果是害人害己，无益于社会。

天地虽大，其化均也；万物虽多，其治一也；人卒虽众，其主君也。

——《庄子·天地》

【品鉴】天地虽很广阔，但其变化是均衡的；事物虽然众多，但各有规律；百姓虽然很多，但都有自己的领袖。事物都有起决定作用的主导方面，抓住了关键，其他方面则可迎刃而解。

通于一而万事毕，无心得而鬼神服。

——《庄子·天地》

【品鉴】掌握了事物的根本，万事都顺利完满。无心去索取，连鬼神都会敬服。不为自己谋私利的人，会得到人民的爱戴。

一盛一衰，文武伦经。

——《庄子·天运》

【品鉴】兴盛和衰败、柔美和阳刚交替变更，好似春天东风日暖与秋日秋风萧萧的变化。人生同于此理，有盛有衰，不可抗拒。

万物皆出于机，皆入于机。

——《庄子·至乐》

【品鉴】万物都产生于大自然的造化之中，又全部返回自然中。万物生生不息，不断演化，其基本物质是不会消亡的。

图书在版编目（CIP）数据

佛道名言品鉴 / 荆三隆著 . — 西安：太白文艺出版社，2017.9
（三隆讲经堂 / 荆三隆主编）
ISBN 978-7-5513-0982-0

Ⅰ.①佛… Ⅱ.①荆… Ⅲ.①佛教 – 名句 – 鉴赏 – 中国 ②道教 – 名句 –
鉴赏 – 中国 Ⅳ.①B94②B95

中国版本图书馆CIP数据核字（2017）第186581号

佛道名言品鉴
FODAO MINGYAN PINJIAN

作　　者	荆三隆
责任编辑	陈　昕
特约编辑	苏雪莹
整体设计	灵动视线
出版发行	陕西新华出版传媒集团
	太 白 文 艺 出 版 社（西安北大街147号　710003）
	太白文艺出版社发行：029-87277748
经　　销	新华书店
印　　刷	北京旭丰源印刷技术有限公司
开　　本	960mm×640mm　　1/16
字　　数	260千字
印　　张	24
版　　次	2017年9月第1版　2018年7月第2次印刷
书　　号	ISBN 978-7-5513-0982-0
定　　价	78.00元